LE
COMTE
DE
SALLENAUVE

PAR

H. DE BALZAC

AUTEUR DE

Le Député d'Arcis, Madame de la Chanterie, l'Initié, Scènes de la Vie Parisienne (LES PETITS BOURGEOIS), Scènes de la Vie de Campagne (LES PAYSANS), Splendeurs et Misères d'une Courtisanne, un Début dans la Vie, David Séchard, etc., etc.

Terminé par M. Ch. RABOU

II

PARIS

L. DE POTTER, LIBRAIRE-ÉDITEUR

RUE SAINT-JACQUES, 38.

LE
COMTE DE SALLENAUVE

SUITE DES NOUVEAUTÉS EN LECTURE

DANS TOUS LES CABINETS LITTÉRAIRES

L'Usurier sentimental, par G. DE LA LANDELLE. 3 vol. in-8.
L'Amour à la Campagne, par MAXIMILIEN PERRIN. 3 vol. in-8.
La Mare d'Auteuil, par CH. PAUL DE KOCK. 10 vol. in-8.
Les Boucaniers, par PAUL DUPLESSIS. 3 vol. in-8.
La Place Royale, par madame la comtesse DASH. 3 vol. in-8.
La marquise de Norville, par ÉLIE BERTHET. 3 vol. in-8.
Mademoiselle Lucifer, par XAVIER DE MONTÉPIN. 3 vol. in-8.
Les Orphelins, par madame la comtesse DASH. 3 vol. in-8.
La Princesse Pallianci, par le baron de BAZANCOURT. 5 vol. in-8.
Les Folies de jeunesse, par MAXIMILIEN PERRIN. 3 vol. in-8.
Livia, par PAUL DE MUSSET. 3 vol. in-8.
Bébé, ou le Nain du roi de Pologne, par ROGER DE BEAUVOIR. 3 vol. in-8.
Blanche de Bourgogne, par Madame DUPIN, auteur de *Cynodie*, *Marguerite*, etc. 2 vol. in-8.
L'heure du Berger, par EMMANUEL GONZALÈS. 2 vol. in-8.
La Fille du Gondolier, par MAXIMILIEN PERRIN. 2 vol. in-8.
Minette, par HENRY DE KOCK. 3 vol. in-8.
Quatorze de dames, par Madame la comtesse DASH. 3 vol. in-8.
L'Auberge du Soleil d'or, par XAVIER DE MONTÉPIN. 4 vol. in-8.
Débora, par MÉRY. 3 vol. in-8.
Les Coureurs d'aventures, par G. DE LA LANDELLE. 3 vol. in-8.
Le Maître inconnu, par PAUL DE MUSSET. 3 vol. in-8.
L'Épée du Commandeur, par XAVIER DE MONTÉPIN. 3 vol. in-8.
La Nuit des Vengeurs, par le marquis de FOUDRAS. 5 vol. in-8.
La Reine de Saba, par XAVIER DE MONTÉPIN. 3 vol. in-8.
La Juive au Vatican, par MÉRY. 3 vol. in-8.
Le Sceptre de Roseau, par ÉMILE SOUVESTRE. 3 vol. in-8.
Jean le Trouveur, par PAUL DE MUSSET. 3 vol. in-8.
Les Femmes honnêtes, par HENRY DE KOCK. 3 vol. in-8.
Les Parents riches, par madame la comtesse DASH. 3 vol. in-8.
Cerisette, par CH. PAUL DE KOCK. 6 vol. in-8.
Diane de Lys, par ALEXANDRE DUMAS fils. 3 vol. in-8.
Une Gaillarde, par CH. PAUL DE KOCK. 6 volumes in-8.
George le Montagnard, par le baron de BAZANCOURT. 5 vol. in-8.
Le Vengeur du mari, par EM. GONZALÈS. 3 vol. in-8.
Clémence, par madame la comtesse DASH. 3 vol. in-8.
Brin d'Amour, par HENRY DE KOCK. 3 vol. in-8.
La Belle de Nuit, par MAXIMILIEN PERRIN. 2 vol. in-8.
Jeanne Michu, *la bien-aimée du Sacré-Cœur,* par madame la comtesse DASH. 4 vol. in-8.

LE COMTE DE SALLENAUVE

PAR

H. DE BALZAC

AUTEUR DE

Le Député d'Arcis, Madame de la Chanterie, l'Initié, Scènes de la Vie Parisienne (Les Petits Bourgeois), Scènes de la Vie de Campagne (Les Paysans), Splendeurs et Misères d'une Courtisanne, un Début dans la Vie, David Séchard, etc., etc.

Terminé par M. Ch. Rabou

II

Avis. — Vu les traités internationaux relatifs à la propriété littéraire, on ne peut réimprimer ni traduire cet ouvrage à l'étranger, sans l'autorisation de l'auteur et de l'éditeur du roman.

PARIS

L. DE POTTER, LIBRAIRE-ÉDITEUR

RUE SAINT-JACQUES, 38.

CHAPITRE PREMIER

I

Jacques et Jacqueline.

Le soir où Sallenauve, Marie-Gaston et Jacques Bricheteau s'étaient rendus à Saint-Sulpice pour entendre la signora Luigia, cette église était le théâtre d'un incident qui passa presque inaperçu.

Par la porte assez peu fréquentée qui donne sur la rue Palatine, en face la rue Servandoni, entra brusquement un jeune homme à chevelure blonde. Il paraissait à ce point ému et empressé, qu'il ne pensa pas même à ôter de dessus sa tête une casquette en cuir verni dans la forme de celles que portent les étudiants des universités allemandes. Comme il se hâtait de gagner une place où la foule se pressait compacte, il se sentit saisi par le bras, et aussitôt son visage, de rose et animé qu'il était, passa à une pâleur livide; mais, en se retournant, il vit qu'il s'était effrayé de rien. Il n'avait affaire qu'au suisse, qui lui dit d'un ton imposant :

— Est-ce que votre casquette, jeune homme, est clouée sur votre tête ?

— Pardon, monsieur, répondit celui qui venait d'être ainsi interpellé, c'est une distraction !

Et après avoir fait droit à la leçon de politesse divine et humaine qu'il venait de recevoir, il s'enfonça au plus épais de la presse, qu'il traversa d'autorité en se faisant jour des coudes, non sans recueillir quelques rebuffades dont il ne se soucia point. Ainsi parvenu à un espace vide, il se retourna, jeta autour de lui un regard rapide et inquiet ; puis gagnant, du côté de la rue Garancière, la porte à peu près opposée à celle par laquelle il était entré, il s'élança d'une course rapide et disparut bientôt dans une de ces rues désertes qui avoisinent le marché Saint-Germain.

Quelques secondes après l'irruption de ce singulier dévôt, la même porte avait donné accès à un homme portant autour d'un visage violemment couturé un large collier de favoris blancs ; une

épaisse chevelure, de même couleur, mais
tournant au roussâtre, descendait jusque
sur ses épaules, et lui donnait un air de
vieux conventionnel, ou de Bernardin
de Saint-Pierre ayant eu la petite vé-
role.

L'âge de sa figure et de ses cheveux
était largement la soixantaine, mais sa
robuste carrure, l'énergique décision de
ses mouvements et surtout la pénétrante
vivacité d'un regard, qu'aussitôt entré,
il darda tout autour de lui, marquaient
l'ensemble d'une organisation puissante
sur laquelle la marche des années avait
eu peu de prise.

Il voulait sans doute rejoindre le jeune blondin, mais il ne commit pas la faute de se jeter après lui dans le gros de la foule groupée autour de l'autel, et dans laquelle il se douta bien que le fugitif avait essayé de se perdre ; faisant en sens inverse, le tour de la nef, il avait toute chance, en parcourant rapidement cette partie beaucoup moins encombrée de l'église, d'arriver aussitôt que son gibier à l'une des issues ; mais, ce qui est advenu à bien d'autres qu'à lui, son trop d'esprit le servit mal. En passant devant un confessionnal, il vit une forme agenouillée qui lui rappela celle après laquelle il était en chasse. Prêtant à autrui une habileté que peut-être, en pareil cas il aurait eue lui-même, il s'imagina que pour lui faire perdre la piste, celui qu'il traquait avait eu l'idée de se présenter *ex abrupto* au tribunal de la pénitence. Pendant le temps qu'il mit à s'assurer d'une trompeuse identité, qu'un examen plus sérieux ne confirma pas, il avait été distancé ; dès-lors un chasseur habile comme lui ne s'acharna pas à une poursuite inutile ; il comprit que c'était partie remise, et qu'il avait manqué l'occasion.

Il se disposait à quitter l'église lorsqu'après un court prélude de l'orgue, le contralto de la signora Luigia, jetant quelques-unes de ses notes les plus graves, entonna cette magnifique mélodie sur laquelle se chantent l s *Litanies de la Vierge*.

La beauté de la voix, la beauté du chant, la beauté des paroles de l'hymne sacrée que la savante méthode de l'exécutante laissait entendre parfaitement distinctes, parurent faire sur l'inconnu une singulière impression. Loin de persister dans son projet de retraite, il alla se placer à l'ombre d'un pilier près duquel d'abord il resta debout ; mais, au moment où s'éteignirent les dernières notes du saint cantique, il avait fini par s'agenouiller, et qui l'eût alors regardé au visage, eût remarqué deux grosses larmes ruisselant le long de ses joues.

La bénédiction donnée, et le plus gros de la foule écoulée:

— Suis-je bête! dit l'inconnu en se relevant et en essuyant ses yeux.

Sorti par la porte qui lui avait donné accès, il remonta la rue Servandoni, s'arrêta un moment devant une boutique fermée, gagna ensuite la place Saint-Sulpice, monta dans une des voitures de place qui y stationnent et dit au cocher :

— Rue de Provence, mon brave, et lestement : il y a gras.

Arrivé à la maison où il s'était fait conduire, il passait vivement devant le logement du concierge, gagnant, en homme qui désire ne point être aperçu, un escalier de service.

Mais le concierge, qui faisait consciencieusement son métier, sortit sur le pas de sa porte, et lui cria :

— Où va monsieur?

— Chez madame de Sainte-Estève, répondit l'inconnu d'un accent de mauvaise humeur, et, un instant après il sonnait à une porte de dégagement qui lui fut ouverte par un nègre.

— Ma tante est chez elle? demanda-t-il.

— Oh! oui, maîtresse à maison! répondit le nègre en ornant son visage du sourire le plus gracieux qu'il put se procurer et qui le fit ressembler à un singe épluchant des noix.

Conduit par des corridors qui faisaient comprendre la vaste étendue de l'appartement, l'inconnu parvint bientôt à la porte d'un salon qui lui fut ouverte par le nègre; en même temps celui-ci annonça :

— M. Saint-Hestève, comme si l'E eût été précédé d'un H aspiré.

Le salon où l'illustre chef de la police de sûreté venait d'être introduit, était remarquable par la richesse, mais plus encore par l'insigne mauvais goût de tout l'ameublement. Trois femmes de l'âge le plus respectable y étaient assises devant un guéridon, et gravement occupées à une partie de dominos. Trois verres, un bol d'argent mis à sec, et une odeur vineuse, dont l'odorat était désagréablement affecté en entrant dans cette pièce, témoignaient que la religion du double-six n'y était pas le seul culte en honneur.

— Salut, mesdames, dit le grand homme de police en s'asseyant; charmé de vous trouver réunies, car j'ai quelque chose à dire à chacune de vous en parti culier.

— On t'écoutera tout à l'heure, dit la Sainte-Estève, mais laisse finir la partie, ce ne sera pas long, *je joue pour quatre.*

— Blanc partout! dit un des siècles.

— Domino! s'écria la Sainte-Estève, et partie gagnée, vous avez bien quatre points à vous *deusse,* tous les blancs sont sortis.

Cela dit, elle étendit sa main osseuse

pour prendre la cuillère à punch et remplir les verres vides ; mais, ne trouvant rien dans le bol, au lieu de se lever pour aller à une sonnette, elle carillonna de la cuillère sur le vase d'argent.

A ce bruit, accourut le nègre.

— Fais mettre quelque chose là-dedans, lui dit-elle en lui passant le bol, et un verre pour monsieur.

— Merci, je ne prendrai rien, dit Saint-Estève.

— Moi, j'en ai ma suffisance, ajouta une des matrones.

— Et moi, dit l'autre, que les médecins m'ont mise au lait, rapport à ma *gastripe.*

— Vous êtes tous des poules mouillées, dit la Sainte-Estève. Allons, emporte tout ça, ajouta-t-elle en s'adressant au nègre, et surtout que je te prenne à écouter à la porte; tu te souviens de la râclée !

— Oh ! m'en souviens bien, dit le nègre en riant des épaules, moi à présent, plus roeilles, et il sortit.

— Eh bien! mon minet, tu as la parole, dit la Sainte-Estève à son neveu, après qu'un compte assez orageux eût été terminé entre les trois sorcières.

— Vous, madame Fontaine, dit le chef de la police de sûreté, en se tournant vers une des vénérables, qu'à son air inspiré, à ses cheveux gris en désordre et à sa capote verte, affreusement *cabossée,* on eût prise pour un bas-bleu en travail d'un article *modes*, vous vous négligez beaucoup ; vous ne nous adressez plus aucun rapport, et, au contraire, il nous en vient beaucoup sur votre compte. M. le préfet n'a pas déjà grand goût à laisser subsister vos établissements. Je ne vous maintiens qu'à raison des services que vous êtes censée nous rendre, mais, sans faire comme vous métier de prédire l'avenir, je puis vous certifier que si vous continuez à être aussi maigre de renseignements, votre cabinet de bonne aventure, ne tardera pas à être fermé.

— Voilà! répondit la pythonisse; vous m'avez empêché de reprendre l'appartement de mademoiselle Lenormant, rue de Tournon. Qu'est-ce qu'on peut recevoir, dans le quartier de la rue Vieille-du-Temple? de petits employés, des cuisinières, des ouvriers et des grisettes, et vous voulez que j'aille vous ragoter tout ce que j'apprends par ces gens-là? Fallait me laisser travailler dans le grand ; vous en auriez su plus long.

— Madame Fontaine, faut pas dire ça, répondit la Sainte-Estève ; journellement je vous envoie de ma clientèle !

—. Tiens ! comme je vous envoie de la mienne !

— Et pas plus tard qu'il y a quatre

jours, continua l'agente matrimoniale, vous avez eu de ma main la visite d'une Italienne : ce n'est pas une grisette, celle-là, et, logée chez un député qui n'est pas pour le gouvernement; vous pouviez faire un rapport là-dessus. Mais vous n'aimez pas prendre la plume, et depuis que vous vous êtes brouillée avec votre petit courtaud de boutique, de ce qu'il commandait trop de gilets chez son tailleur, l'écriture chez vous ne va plus.

— Il y a une chose surtout, reprit Saint-Estève, dont il est fort souvent question dans les rapports qui me parviennent à votre sujet: c'est cet animal immonde que vous faites figurer dans l'opération du *Grand jeu* (voir *les Comédiens sans le savoir*).

— Qui, Astaroth ? demanda madame Fontaine.

— Oui, ce batracien, ce crapaud, puisqu'il faut dire le mot, que vous avez l'air de consulter. Il paraît que dernièrement, une femme enceinte a été émue de son hideux aspect, à ce point...

— Ah ben ! interrompit vivement la devineresse, s'il faut maintenant tirer les cartes tout sec, qu'on me ruine tout de suite, qu'on me guillotine. Parce qu'une bégueule de femme a accouché d'un enfant mort, faut supprimer les crapauds dans la nature ; pourquoi donc alors que le bon Dieu les aurait faits?

— Ma chère dame, dit Saint-Estève, il y a eu un temps où vous n'auriez pas si fort tenu à cette collaboration. En 1617, un savant, nommé Vanini, fut brûlé à Toulouse rien que parce qu'on trouva chez lui un crapaud dans un bocal.

— Oui ; mais nous sommes dans le

siècle des lumières, répondit plaisamment la Fontaine, et la correctionnelle est plus douce que ça.

— Vous, madame Nourrisson, dit le chef de la police de sûreté en s'adressant à l'autre vieille, on se plaint que vous cueillez le fruit trop vert; quand on a comme vous tenu un établissement, on n'ignore ni les lois, ni les réglements; au-dessous de vingt et un ans, je m'étonne d'avoir à vous le rappeler, vous devez respecter les mœurs.

Madame Nourrisson avait en effet été sous l'Empire ce que Parent du Châtelet dans le curieux ouvrage où il a si savamment étudié la hideuse plaie de la prostitution, appelle, par euphémisme, une *dame de maison*. Plus tard elle avait formé, dans la rue Neuve-Saint-Marc, l'établissement de marchande à la toilette où s'était brassée l'affaire Esther, rappelée par Maxime de Trailles à Desroches et qui avait coûté plus de cinq cent mille francs au banquier Nucingen. Mais dans cette occasion madame Nourrisson s'était effacée derrière madame de Saint-Estève, qui, ayant, sous l'inspiration de Vautrin, la direction de l'œuvre, avait pour un moment, fait de la boutique de la revendeuse le quartier général de ses opérations. Entre gens qui ont des souvenirs de complicité pareille, des façons d'une extrême familiarité se comprennent; on ne s'étonnera donc pas d'entendre madame Nourrisson répondre à la semonce qui venait de lui être adressée par M. de Saint-Estève :

— Et vous, gros farceur, vous les respectiez les mœurs, quand vers 1809 vous me faisiez confier cette petite Champenoise de dix-sept ans !

— S'il y a une trentaine d'années que cette folie s'est faite en mon nom, répondit l'homme de police, il y a trente ans que je suis sage, car c'est la dernière sottise à laquelle jamais jupon ait pu m'entraîner. Du reste, mes chères dames, vous ferez de mes avis tel usage que vous voudrez. Maintenant, si mal vous arrive, vous ne vous plaindrez point qu'on ne vous ait pas adressé les trois sommations. Quant à toi, petite tante, ce que j'ai à te dire est confidentiel.

Ainsi congédiées, les deux matrones parlèrent de se retirer.

— Voulez-vous qu'on aille vous chercher une citadine? demanda madame de Saint-Estève à madame Fontaine.

— Non pas, vraiment, répondit la devineresse, je m'en vas à pied, l'exercice m'est recommandé. J'ai dit à madame Jamouillot, mon aide-de-camp, de venir me prendre.

— Et vous, mame Nourrisson?

— Ah ben! en voilà une bonne, dit la revendeuse, une citadine pour aller de la rue de Provence à la rue Neuve-Saint-Marc! Je suis ici en voisine.

La vérité est que madame Nourrisson était venue dans son costume courant: bonnet blanc à rubans jaunes, tour indéfrisable d'un noir de jais, tablier de taffetas et robe d'indienne à fleurs sur un fond gros-bleu, et, comme elle le disait gaîment, il y avait en effet peu de chance que quelqu'un eût l'idée de l'enlever en route.

Préalablement à l'entretien qui allait avoir lieu entre M. de Saint-Estève et sa tante, quelques explications ont leur place ici.

Dans ce sauveur public qui, le soir de l'émeute du 12 mai, était venu offrir ses services à Rastignac, il n'est pas un lecteur qui n'ait reconnu le célèbre Jacques Collin dit Vautrin, l'une des figures les plus connues et les plus chaudement esquissées de la *Comédie humaine.*

Un peu avant la révolution de 1830, frappé dans une de ses affections, ce héros du bagne ne s'était plus senti le courage de continuer la lutte que, depuis vingt-cinq ans, il soutenait contre la société, et il était venu faire, entre les mains du procureur-général de Granville, une soumission dont les circonstances assez dramatiques ont été racontées dans la courte étude qui a pour titre: *La dernière incarnation de Vautrin.*

Depuis cette époque, investi des fonctions de chef de la police de sûreté, sous le nom de M. de Saint-Estève, il avait succédé au célèbre Bibi-Lupin, et, devenu la terreur des hommes autrefois ses complices, il s'était fait, par l'ardente répression dont il les harcelait, une renommée d'habileté et d'énergie à laquelle on ne trouverait rien de comparable dans les fastes de la police judiciaire.

Mais ainsi qu'il l'avait expliqué à son ancien ami le colonel Franchessini, il avait fini par se lasser de cette chasse aux voleurs où, comme les joueurs trop expérimentés, faute d'imprévu et de chances dans la lutte, il en était venu à ne plus trouver aucun intérêt.

Pendant quelques années, la patience de son métier lui avait encore été continuée par la multiplicité des agressions et des guets-à-pens que ses anciens amis du bagne, furieux de ce qu'ils appelaient sa trahison, s'étaient étudiés à diriger contre sa personne ; mais, découragés par son adresse et par le bonheur de son étoile, qui constamment l'avaient dérobé à la dangereuse atteinte de ces conspirations, ses adversaires avaient fini par désarmer, dès-lors, toute saveur ayant pour lui disparu de ses fonctions, il avait pensé à changer de milieu, et à transporter dans la sphère politique ses merveilleux instincts d'espionnage et sa puissante activité.

Le colonel Franchessini n'avait pas

manqué de le revoir à la suite de sa visite chez Rastignac, et l'ancien pensionnaire de la maison Vauquer n'était pas homme à méconnaître la valeur des aperçus qu'avait eus le ministre, touchant le luxe d'honnêteté bourgeoise, sous lequel il s'étudiait à ensevelir les compromettants souvenirs qui pesaient sur sa vie.

— Eh! eh! avait-il dit, l'élève aurait donc dépassé le maître? Ses conseils, assurément, méritent considération. J'y penserai.

Il y avait pensé en effet, et c'est sous

l'influence d'une assez longue méditation dans laquelle il avait compendieusement examiné le plan qui lui avait été transmis, que nous venons de le voir arriver chez sa tante Jacqueline Collin, autrement dit : madame de Saint-Estève, nom de guerre porté en commun, et qui servant au redoutable couple à masquer son passé, laissait néanmoins subsister l'idée de la proche parenté par laquelle il était uni.

Activement mêlée à beaucoup des entreprises de son neveu, Jacqueline Collin avait eu en propre une vie passablement aventureuse, et lors d'un des nombreux démêlés de Vautrin avec la justice, un jour, sur des notes de police que tout devait faire considérer comme exactes, un juge d'instruction lui avait ainsi résumé les antécédents assez peu édifiants de sa très honorée tante.

« C'est, à ce qu'il paraît, avait dit le
» magistrat, une très habile recéleuse,
» car on n'a pas de preuves contre elle.
» Après la mort de Marat, dont elle au-
» rait été la maîtresse, elle aurait appar-
» tenu à un chimiste condamné à mort
» en l'an VIII (1799) pour crime de
» fausse monnaie. Elle a paru comme
» témoin lors du procès. Dans cette in-
» timité, elle aurait acquis de dange-
» reuses connaissances en toxicologie.

» Elle a été marchande à la toilette de
» l'an IX à 1805. Elle a subi deux ans de
» prison, en 1807 et 1808, pour avoir li-
» vré des mineures à la débauche. Vous
» étiez alors, vous, Jacques Collin, pour-
» suivi pour crime de faux, vous aviez
» quitté la maison de banque où votre
» tante vous avait placé comme commis,
» grâce à l'éducation que vous aviez re-
» çue, et aux protections dont elle jouis-
». sait auprès des personnages à la dé-
» pravation desquels elle fournissait des
» victimes. »

Depuis l'époque où cette vertueuse biographie était mise sous les yeux de son neveu, Jacqueline Collin, sans plus jamais retomber aux mains de la vindicte publique, avait encore grossi ses états de service, et au moment où Vautrin avait abdiqué, elle n'avait pas revêtu une robe d'innocence à beaucoup près aussi immaculée. Mais, arrivée comme lui à une grande aisance, elle avait choisi ses *affaires*, n'avait plus cotoyé qu'à distance respectueuse le Code pénal et sous la devanture d'une industrie à peu près avouable elle avait abrité les pratiques plus ou moins souterraines auxquelles elle continuait de consacrer une intelligence et une activité vraiment infernales.

Desroches, déjà, nous a appris que le

cabinet plus ou moins matrimonial dont s'était avisée madame de Saint-Estève, était établi rue de Provence, et nous devons ajouter que, comprise sur une grande échelle, cette agence occupait tout le premier étage d'un de ces vastes immeubles qu'à Paris les entrepreneurs font sortir de dessous terre comme par enchantement.

A peine achevées à crédit, ces maisons sont garnies à tout prix de locataires tels quels, en vue de trouver des acquéreurs auxquels on les revend ; si l'on met la main sur une dupe, on fait ce qui s'appelle un *gros coup* ; si, au contraire, l'acheteur est de dure composition, on se contente de faire rentrer l'argent dépensé, avec quelques mille francs de bénéfice, à moins, toutefois, que, dans le cours de la construction, la spéculation ne vienne à se compliquer d'une de ces faillites qui, dans l'industrie du bâtiment, sont une des péripéties les plus courantes et les plus prévues.

Des lorettes, des agents d'affaires, des compagnies d'assurance mortes-nées, des journaux destinés à périr à la fleur de l'âge, des administrations de chemins de fer impossibles, des comptoirs d'escompte où l'on emprunte au lieu de prêter ; *des offices de publicité* arrivant à peine pour eux-mêmes à la publicité dont ils font marchandise, en un mot, toute espèce de commerce et entreprise problématiques, forment la population provisoire de ces *républiques*. Bâties à l'effet, peu importe qu'au bout de quelques mois, par suite des tassements qui s'opposent au jeu des fenêtres, des fentes qui désassemblent les panneaux des portes, des écartements survenus dans les joints des parquets, des infiltrations auxquelles donnent lieu les fosses d'aisances et les conduites d'eaux pluviales et ménagères, ces palais de carton soient à peu près devenus inhabitables, cela regarde l'acquéreur, qui, une fois les réparations faites, a la liberté de mieux choisir ses locataires et d'élever le prix des loyers.

Entrée en possession de son appartement avant cette période de décadence, madame de Saint-Estève s'était donc, à très bon marché, procuré une installation confortable, et de beaux résultats, sans parler du bénéfice d'autres affaires occultes, n'avaient pas tardé à couronner les efforts de son habile administration.

Presque inutile de dire que, trouvant au-dessous d'elle et laissant à ses concurrentes le charlatanisme des annonces, madame de Saint-Estève ne faisait jamais parler de son *cabinet* à la quatrième page des journaux. Ce dédain, qui, attendu les sombres obscurités de son passé, était d'une assez bonne prudence, l'avait conduite à la découverte de quelques procédés ingénieux par lesquels, d'une façon moins vulgaire, elle attirait l'attention sur sa *maison*.

En province et même à l'étranger elle avait des commis voyageurs intelligents, qui répandaient avec discrétion un prospectus rédigé par Gaudissart, l'un des plus remarquables *puffistes* des temps modernes. Le but apparent de ce prospectus était d'offrir les services d'une agence exclusivement commerciale qui, moyennant une remise très-modérée, se chargeait, à Paris, de la composition et de l'achat des corbeilles de mariage

appropriées à toutes les dots et à toutes les fortunes. C'était seulement dans un humble *nota benè*, après un tableau estimatif du prix des objets qui entraient dans la formation des corbeilles, divisées en première, deuxième, troisième et quatrième classes, à peu près comme les services des pompes funèbres, que madame de Sainte-Estève s'indiquait comme « pou-
» vant, à raison de ses hautes relations
» dans la société, faciliter, entre les
» personnes à marier, les occasions de
» se rencontrer. »

A Paris, madame de Saint-Estève se chargeait elle-même de parler à la duperie publique, et ses combinaisons n'étaient pas moins adroites que variées.

Au moyen d'un marché passé avec un loueur de remises, elle avait presque tous les jours deux ou trois voitures de bonne apparence, stationnant pendant plusieurs heures à sa porte. D'autre part, dans son salon d'attente, élégamment vêtus et ayant l'air de s'impatienter, de prétendus clients des deux sexes se relayaient de manière à faire croire à une presse incessante, et l'on peut se figurer si, dans les conversations de ces affidés de la maison, qui n'avaient point l'air de se connaître, les vertus et la haute capacité de madame de Saint-Estève étaient convenablement exaltées.

Par quelques libéralités faites aux pauvres et à l'œuvre de *Notré-Dame-de-Lorette*, sa paroisse, l'adroite industrielle se procurait aussi la visite de quelques ecclésiastiques qui lui servaient à cautionner en même temps et sa moralité et l'importance de ses ramifications matrimoniales.

Une autre de ses habiletés, c'était de se faire régulièrement fournir par les dames de la halle la liste de tous les mariages élégants qui se célébraient dans Paris, et, comme si elle eût été invitée, de paraître à la bénédiction nuptiale en riche toilette, avec une voiture et des gens, de manière à laisser supposer qu'elle n'était pas tout à fait étrangère à l'union qu'elle venait honorer de sa présence.

Un jour pourtant, une famille peu endurante ne s'était pas arrangée de l'idée de lui servir de prospectus et lui avait fait une rude avanie ; elle était donc devenue très réservée sur l'emploi de ce moyen, auquel elle avait substitué l'idée d'un compérage plus volontaire et beaucoup moins dangereux.

Connaissant de vieille date madame

Fontaine, car entre toutes ces industries apocryphes il y a une naturelle affinité, elle lui avait proposé une sorte d'assurance mutuelle pour l'exploitation de la crédulité parisienne, et entre les deux sibylles, voici la façon dont les choses se passaient :

Sur dix fois que les femmes se font faire les cartes, huit fois au moins, la question mariage est derrière leur curiosité. Lors donc que la devineresse, selon la formule consacrée, annonçait à l'une de ses clientes qu'elle serait prochainement recherchée par un *blond* ou par un *brun*, elle avait soin d'ajouter : « mais

» cette union ne pourra réussir que par
» l'intermédiaire de madame Saint-Es-
» tève, une femme très riche et très res-
» pectable, logée Chaussée-d'Antin, rue
» de Provence, et qui a le goût à faire
» des mariages ; » et, de son côté, quand
madame de Saint-Estève mettait en avant
un parti, pour peu qu'elle entrevît d'ouverture au succès de cette insinuation :
« Du reste, ne manquait-elle pas de
» dire : consultez sur l'avenir de cette
» affaire la célèbre madame Fontaine,
» rue Vieille-du-Temple : sa réputation
» pour les cartes est européenne ; jamais
» elle ne se trompe ; et si elle vous dit
» que j'ai eu la main heureuse, vous
» pourrez conclure en toute sûreté. »

On comprendra facilement que d'une femme si pleine de ressources, le Numa de la Petite-Rue-Saint-Anne eût fait son Egérie. Rastignac n'avait pas été informé d'une manière tout à fait exacte quand on lui avait représenté la tante et le neveu faisant ménage commun; mais ce qui était vrai, c'est que Vautrin, quand ses occupations le lui permettaient, ne passait presque pas un jour sans venir, en s'entourant du plus de secret qui lui était possible, visiter sa respectable parente. Depuis des années, pour peu que, dans sa vie, se remuât quelqu'intérêt sérieux, Jacqueline Collin y était pour le conseil et souvent aussi pour le coup de main.

— Ma pauvre mère, dit Vautrin en entamant l'entretien en vue duquel il était venu, j'ai tant de choses à te dire que je ne sais par où commencer.

— Je le crois bien ; depuis tantôt huit jours que l'on ne t'a vu.

—D'abord, il est bon que tu le saches, tout à l'heure, j'ai manqué faire un coup superbe.

— Dans quel genre? demanda Jacqueline Collin.

— Dans le genre de mon affreux métier ; mais cette fois la prise en valait la peine : tu te rappelles ce petit graveur prussien pour lequel je t'ai envoyée à Berlin !

— Qui a contrefait, dit la Saint-Estève en complétant le renseignement, d'une façon si mirobolante, les billets de la Banque de Vienne ?

— Eh bien! il n'y a pas une heure, rue Servandoni, où j'avais été voir un de mes agents qui est malade, passant devant la boutique d'une fruitière, je crois reconnaître mon homme occupé à se faire servir un morceau de fromage de Brie qu'on lui enveloppait dans du papier.

— Il paraîtrait, remarqua Jacqueline, que de connaître si bien les banques ne l'a pas enrichi.

— Mon premier instinct, continua Vautrin, fut de m'élancer dans la boutique dont la porte était fermée, et de mettre la main sur le collet de mon drôle, mais n'ayant pas vu sa figure à fond, je craignis de commettre quelque méprise. Lui, à ce qu'il paraît, avait l'œil au guet; il s'aperçoit que quelqu'un le surveille à travers le vitrage, et, zest, il s'élance dans l'arrière-boutique de la fruitière où je le perds de vue.

— Voilà, mon vieux, ce que c'est que de porter ces cheveux longs et ce collier de barbe, le gibier te flaire à cent pas.

— Mais tu sais bien que cette affectation à me rendre ainsi reconnaissable est ce qui fait le plus d'effet parmi mes pratiques : « Faut qu'il soit joliment sûr de ses coups, se disent-elles toutes, pour dédaigner les ruses de costumes! » rien n'a autant servi à me populariser.

— Enfin, dit Jacqueline, voilà ton homme dans l'arrière-boutique ?

— Rapidement, continua Vautrin, je dresse un état des lieux ; la boutique faisant partie d'une maison à allée; au fond de l'allée, dont la porte est ouverte, une petite cour, sur laquelle l'arrière-boutique doit avoir une sortie : donc, à moins que mon gaillard ne demeure dans la maison, je garde toutes les issues. Un quart d'heure environ se passe ; c'est long, quand on attend. J'avais beau regarder chez la fruitière, aucune espèce d'indice; trois personnes étaient entrées, elle les avait servies sans avoir l'air de se douter qu'il y eût au dehors une surveillance; pas un coup d'œil jeté de côté, pas la moindre allure suspecte : « Allons, avais-je fini par me dire, il doit être locataire de la maison ; sans cela, sa sortie par la porte de la cour aurait plus ému cette femme. » Je me décide donc à entrer, pour prendre des renseignements. Pouh! à peine ai-je dépassé le seuil de la porte, j'entends dans la rue le bruit de l'oiseau qui s'envole.

— Tu t'étais trop pressé, mon chéri, dit la Saint-Estève, et pourtant tu me le disais un jour : la police, c'est la patience.

— Sans demander mon reste de renseignements, continue Vautrin, je m'élance à sa poursuite. Juste en face la rue Servandoni, qui est le nom de l'architecte par lequel a été bâti Saint-Sulpice, cette église a une porte; elle était ouverte à cause de l'office du *Mois de Marie* qui s'y dit tous les soirs. Mon gibier, ayant sur moi de l'avance, se précipite par cette porte et se perd si bien dans la foule, qu'en entrant après lui je ne l'aperçois plus.

— Eh bien! dit la Saint-Estève, je ne

suis pas fâchée que le petit t'ait fait le poil ; moi je m'intéresse toujours un peu aux faux monnayeurs; c'est un joli crime, propre, pas de sang versé, pas de tort fait à personne, qu'à ces pleutres de gouvernement.

— Et une maison de banque de Francfort dont ses faux billets ont entraîné la ruine!

— Tu diras ce que tu voudras, j'aime mieux ça que ton Lucien de Rubempré qui ne faisait que nous dévorer, tandis que si tu avais eu sous ta coupe un travailleur pareil dans notre bon temps!

— Malgré ton admiration pour lui, tu n'en iras pas moins demain te renseigner adroitement chez la fruitière, qui doit le connaître, puisqu'elle a favorisé son évasion. Quand je suis retourné à la boutique, j'ai trouvé volets et porte clos. J'avais perdu mon temps dans l'église.

— A écouter une chanteuse, je parie, dit la Saint-Estève.

— Oui ; comment sais-tu cela ?

— Parbleu, tout Paris court l'entendre, répondit Jacqueline Collin, et puis, moi, dans mon petit particulier, je la connais.

— Comment! cette voix qui m'a tant ému, par laquelle, rajeuni de cinquante ans, j'ai été reporté au jour de ma première communion chez ces bons Pères de l'Oratoire, où j'ai été élevé; cette femme qui m'a fait pleurer et m'a transformé pendant cinq minutes en un saint homme, tu l'aurais sur tes tablettes?

— Oui, dit négligemment la Saint-Estève; j'ai quelque chose d'entamé avec elle : je m'occupe de la faire entrer au théâtre.

— Ah çà! tu vas aussi prendre une agence dramatique! tu n'as pas assez de les mariages?

— Voilà, mon chat, en deux mots la chose. C'est une Italienne, belle comme le jour, venue de Rome à Paris avec un imbécille de sculpteur dont elle est folle sans qu'il s'en doute; et ce Joseph en éprouve si peu pour elle que, l'ayant eue sous les yeux, posant pour une de ses statues, il est encore à lui adresser une galanterie.

— C'est un homme qui doit aller loin dans son art, remarqua Jacques Collin, avec ce mépris de la femme et cette force de caractère.

— A preuve, répondit Jacqueline, qu'il vient de le quitter, son art, pour se faire nommer député; c'est de lui que je disais tout à l'heure à la Fontaine qu'elle aurait pu t'écrire quelque chose. J'avais envoyé chez elle mon étrangère à laquelle elle a fait les cartes sur cet amoureux transi.

— Mais toi, comment l'avais-tu connue?

— Par le vieux Ronquerolle. Allant

un jour chez le sculpteur pour affaire d'un duel dont il était témoin, il a vu ce trésor de femme et en est devenu tout *Nucingen.*

— Alors, tu t'es chargé de la négociation.

— Comme tu dis ; il y a déjà plus d'un mois que le pauvre homme perdait ses peines ; moi, ayant pris l'affaire en main je me renseigne ; j'apprends que la belle est de la confrérie de la Vierge, là-dessus, je me présente chez elle en dame de charité ; et, vois, un peu si, en commençant, j'ai de la chance? Le sculpteur était absent de Paris pour se faire nommer député.

— Je ne suis pas en peine de toi ; mais, cependant, une dame de charité qui se charge d'un engagement dramatique ?...

— Au bout de deux visites, continua la Saint-Estève, je lui soutire toutes ses petites confidences ; qu'elle n'y peut plus tenir avec ce marbre d'homme, qu'elle ne veut rien lui devoir, et, qu'ayant étudié pour la scène, si elle avait moyen d'avoir un engagement, elle quitterait aussitôt sa maison. Alors, un jour, j'arrive tout essoufflée lui disant qu'un homme de mes amis, un grand seigneur, respectable par ses vertus et par son âge et auquel j'ai parlé d'elle, se chargeait de la faire entrer au théâtre et je lui demande la permission de le lui amener.

— C'était l'ordre et la marche, dit Jacques Collin.

— Oui, mais elle, défiante en diable, et pas aussi décidée qu'elle le dit à quitter son sculpteur, de me promener de jour en jour, si bien que, pour la faire avancer, j'ai dû lui insinuer d'aller consulter la Fontaine, à quoi d'ailleurs elle avait assez d'instinct ; mais, malgré les cartes, elle est toujours en garde, et les affaires se gâtent parce qu'elle a vu son Chinois qui est revenu et nommé. Il n'y a pas à dire : il faut maintenant marcher avec précaution ; s'il allait trouver mauvais qu'on lui détourne une femme dont il va peut-être vouloir dès qu'il saura qu'elle ne veut plus de lui, on aurait affaire à forte partie ; et ce n'est pas ce vieil égoïste de Ronquerolles qui n'est, d'ailleurs, que pair de France, avec lequel on serait bien garantie, contre les poursuites d'un député.

—Ce vieux débauché de Ronquerolles, dit Jacques Collin, n'est pas ce qui convient à ta protégée ; elle est sage, il faut la laisser sage ; je sais, moi, un homme vraiment respectable, qui la fera entrer au théâtre en tout bien tout honneur, et qui sans arrière-pensée, lui assurera un sort magnifique.

— Tu connais, toi, de ces phénomènes ; je ne serais pas fâchée de savoir leur adresse, j'irais mettre ma carte chez eux.

— Eh bien ! petite rue Sainte-Anne, près le quai des Orfèvres : là tu trouveras quelqu'un avec lequel la connaissance est déjà toute faite.

— *Planches-tu?* (te moques-tu?) s'écria la Sainte-Estève auquel son étonnement donna une rechute de l'argot des voleurs qu'elle parlait autrefois couramment.

— Non, je parle sérieusement : cette femme m'a ému ; elle m'intéresse, et puis j'ai une autre raison.

Vautrin raconta alors sa démarche auprès de Rastignac, l'intervention du colonel Franchessini, la réponse du ministre et sa théorie transcendante sur le reclassement social.

— Voyez-vous ce petit masque, qui s'avise de nous en remontrer! s'écria Jacqueline Collin.

— Il est dans le vrai, répondit Vautrin; la femme seule nous manquait, et tu me la fournis.

— Oui, mais ça coûtera les yeux de la tête.

— Pour qui notre fortune? nous n'avons pas d'héritiers; tu n'éprouves pas, je pense, le besoin de fonder un hôpital ou des prix de vertu?

— Pas si *gnole*, répondit la Sainte-Estève ; d'ailleurs tu le sais bien, mon Jacques, avec toi je n'ai jamais compté ; seulement, je m'avise d'une difficulté ; cette femme est fière comme une Romaine qu'elle est, et tes damnées fonctions!...

— Tu le vois bien, dit vivement Jacques Collin, il faut à tout prix échapper à une existence où l'on peut entrevoir des avanies pareilles. Sois tranquille pourtant, je suis en mesure de détourner celle dont tu t'avises. Pour mon métier je suis autorisé à faire toute espèce de personnages, et tu t'en souviens, je suis un comédien passable. Demain, je puis mettre à ma boutonnière un arc-en-ciel de décorations, m'installer dans un hôtel sous tel nom aristocratique qu'il me plaira forger ; pour la police, les franchises du carnaval durent toute l'année. J'y ai déjà pensé. Je sais l'homme que je veux être. Tu peux annoncer à l'enfant que le comte Halphertius, grand-seigneur suédois, fou de musique et de philanthropie, s'intéresse à son sort, et, de fait, je lui monte une maison ; je lui tiens rigoureusement le marché de vertueux désintéressement que tu lui cautionnes ; enfin, je deviens son protecteur déclaré. Quant à l'engagement qu'elle désire, et que je lui veux aussi, car, pour mes projets d'avenir, il me la faut resplendissante et lumineuse, nous ne serions ni Jacques ni Jacqueline, si, avec son talent, de l'or et de la volonté, nous ne parvenions pas à le lui procurer.

— Maintenant, savoir si Rastignac trouvera que tu as tenu la gageure : c'est M. de Saint-Estève, le chef de la police de sûreté, qu'il te disait de rebadigeonner.

— Eh non! ma vieille, il n'y a plus de Saint-Estève, plus de Jacques Collin, plus de Vautrin, plus de Trompe-la-Mort, plus de Carlos Herrera, il y a une intelligence forte, puissante, énergique, qui offre son concours au gouvernement : je la fais arriver du Nord, la baptise d'un nom de seigneur étranger, et, par là ne suis que plus vraisemblable pour les fonctions de police politique et diplomatique auxquelles je prétends me vouer.

— Tu vas ! tu vas ! c'est à merveille ; mais il faut d'abord mettre la main sur ce bijou qui doit te mettre en relief, et nous ne le tenons pas.

— Ce n'est pas là une difficulté ; je t'ai vue à l'œuvre, et, quand tu veux, tu peux.

— On travaillera, dit modestement Jacqueline Collin; viens toujours me voir demain soir, peut-être nous aurons marché.

— Et tu n'oublies pas, en attendant, dit Vautrin, la fruitière de la rue Servandoni, n° 12 où tu dois prendre des renseignements. Cette capture, qui intéresse un gouvernement étranger, aurait un parfum politique qui fera bien pour le but où je veux arriver.

— De la fruitière, je t'en rendrai bon compte, répondit la Saint-Estève; mais, pour l'autre affaire, elle est plus délicate; ne nous avisons pas de rien brusquer.

— Carte blanche ! répondit Vautrin ; jamais je ne l'ai trouvée au-dessous d'aucune mission, tant difficile fût-elle ; ainsi donc bonsoir et à demain.

CHAPITRE DEUXIÈME

II

Abondance de biens.

Le lendemain, étant dans son bureau de la rue Sainte-Anne, Vautrin reçut le billet qui suit :

« Mon gros, tu n'es pas trop à plain-

» dre, et tout s'arrange à ton idée. Ce
» matin de bonne heure on m'annonce
» qu'une dame demande à me parler.
» Qui vois-je entrer? notre étrangère,
» à laquelle j'avais donné mon adresse
» pour le cas où elle aurait quelque
» chose de pressé à me communiquer.
» Son Joseph lui ayant hier soir parlé
» assez lestement du projet où il était
» de se séparer d'elle, la chère belle n'a
» pas dormi de la nuit, et sa petite tête
» s'est si bien échauffée, que la voilà
» débarquée chez moi et me suppliant
» de la mettre en rapport avec mon
» *homme respectable*, auquel elle est ré-
» solue de se confier, *s'il est honnête*
» *homme*, parce qu'elle met son amour-
» propre à ne plus rien devoir à ce gla-

» çon par lequel elle se voit dédaignée.
» Viens donc tantôt sous la nouvelle pe-
» lure que tu auras choisie, et quant à
» t'insinuer dans l'esprit de la char-
» mante, c'est affaire à toi, et je m'en
» rapporte.

» Ta tante affectionnée,

» J.-C. DE SAINT-ESTÈVE. »

Vautrin répondit :

« Ce soir je serai chez toi sur les neuf
» heures. J'espère qu'il se sera fait en
» ma personne un assez beau change-
» ment de décor pour qu'au premier

» coup d'œil, si je ne t'avais dit le
» nom sous lequel je me ferai annoncer,
» tu ne m'eusses pas facilement reconnu.
» J'ai déjà bien marché dans l'affaire de
» l'engagement, et je pourrai en parler
» de manière à ce que la charmante
» prenne bonne idée du crédit de *son*
» *papa*; vends dans la journée de la
» rente et des actions pour une somme
» un peu ronde : nous aurons besoin
» d'argent comptant. Je m'en vais, de
» mon côté, opérer de la même façon.
» A ce soir, donc, ton neveu et ami,

» Saint-Estève. »

Le soir, exact à l'heure que lui-même

avait fixée, Vautrin arriva chez sa tante.
Cette fois il passa par le grand escalier
et se fit annoncer, sous le nom de M. le
comte Halphertius, par le nègre, qui ne
le reconnut pas.

Toute prévenue qu'elle était de la
métamorphose, Jacqueline Collin resta
ébahie en présence de ce grand acteur,
qui s'était renouvelé tout entier.

Sa chevelure à la Franklin était devenue une titus poudrée; passés au brun
foncé et formant avec la neige du sommet de la tête une vive opposition, ses
sourcils, ses favoris taillés en côtelette à
la mode de l'Empire, et des moustaches

postiches de même couleur, prêtaient à sa physionomie naturellement peu noble quelque chose de saisissant et d'original qui, à toute force, pouvait être pris pour de la distinction.

Un col de satin noir haut monté, donnait du port à sa tête. A la boutonnière d'un habit bleu, fermé sur la poitrine, brillait un ruban où se mariaient les couleurs de tous les ordres sérieux de l'Europe.

Dépassant sous l'habit, un gilet de piqué jaune ménageait à un pantalon couleur gris perle une harmonieuse transition ; des bottes vernies et des gants paille glacés complétaient l'ensemble de cette toilette qui avait voulu être négligée dans son élégance; la poudre, dont d'ailleurs à cette époque on comptait les derniers fidèles, servait à constater le vieux diplomate étranger et devenait à un costume qui sans ce correctif aurait pu paraître un peu juvénile, un très adroit tempérament.

Après quelques minutes accordées à l'admiration de son déguisement :

— *Elle* est là? dit Vautrin.

— Oui, dit la Saint-Estève, l'ange s'est retiré dans sa chambre il y a une demi-heure, afin de dire son rosaire, — maintenant qu'il est privé d'assister aux exercices du *mois de Marie*. Mais ta visite est attendue avec impatience, vu la manière dont pendant toute la journée j'ai chauffé ton éloge.

— Et comment se trouve-t-elle de ta maison ? Elle n'a pas de regret au parti qu'elle a pris?

— Son amour-propre, dans tous les cas, est bien trop grand pour qu'elle en montre quelque chose; d'ailleurs j'ai finement carotté sa confiance, et puis c'est un de ces caractères résolus à ne pas regarder en arrière quand ils sont une fois partis.

— Le plaisant, dit Vautrin, c'est que, tantôt, son député, qui est en peine d'elle, m'a été adressé par M. le préfet pour que je l'aidasse dans ses recherches.

— Il y tient donc ?

— C'est-à-dire qu'il n'a pas d'amour pour elle, mais il regarde qu'il l'avait en dépôt, et il a peur qu'elle n'ait eu l'idée de se détruire ou qu'elle ne soit tombée aux mains de quelque intrigante. Sais-tu bien que, sans ma paternelle intervention, il mettait assez bien le doigt sur la plaie ?

— Et tu as répondu à ce jobard ?

— Naturellement je lui ai donné peu d'espoir; mais vraiment, j'ai été fâché de ne pouvoir rien faire de ce qu'il me demandait; tout d'abord, j'ai pris pour lui de la sympathie : c'est un homme de bonnes façons, l'air énergique et spirituel, et dans lequel je crois bien que MM. les ministres n'auront pas un adversaire commode.

— Tant pis pour lui dit la Saint-Estève, il n'avait qu'à ne pas pousser cette chère petite à bout. Ah ça! et cet engagement pour lequel tu m'écrivais que tu avais déjà mis les fers au feu.

— Tu sais, ma minette, ce que c'est

que la chance, répondit Vautrin en déployant un journal, bonne ou mauvaise, elle vous arrive toujours par bouffées. Ce matin, après avoir reçu ta lettre, qui m'annonçait d'excellentes nouvelles, j'ouvre ce journal de théâtre et j'y lis ce qui suit : « La saison du Théâtre-Italien
» de Londres, déjà si mal inaugurée par
» le procès qui a mis en lumière les
» embarras pécuniaires contre lesquels
» se débat la direction de sir Francis
» Drake, paraît décidément compromise
» par une grave indisposition survenue
» à la Serboni, et qui doit la tenir indéfiniment
» éloignée de la scène. Sir
» Francis est depuis hier descendu à
» l'*Hôtel des Princes*, rue de Richelieu,
» venant chercher les deux choses qui

» lui manquent : une prima dona et
» des capitaux. Mais le cher *impresario*
» n'est-il pas engagé dans un cercle
» vicieux ? sans capitaux pas de prima
» dona, et sans prima dona pas de
» capitaux ; espérons pourtant qu'il sau-
» ra échapper à cette impasse, car sir
» Francis Drake a la réputation d'un
» homme honnête et intelligent, et, de-
» vant une renommée pareille, toutes
» les portes ne sauraient demeurer fer-
» mées. »

— Encore des gens qui connaissent le monde, que ces journalistes ! dit la Saint-Estève d'un air capable, avoir toutes les portes ouvertes parce qu'on est honnête et intelligent !

—Dans la circonstance, répondit Vautrin, l'observation ne fut pas trop en défaut, car, aussitôt l'article lu, je me pomponne, comme tu le vois, prends un remise, et me présente à l'adresse indiquée. — Sir Francis Drake ?

— Je ne sais s'il pourra recevoir monsieur, dit en s'avançant aussitôt une espèce de valet de chambre français, qui m'eut bien l'air d'être mis là en faction pour faire la même réponse à tout venant ; il est avec le baron de Nucingen.—J'affectai de chercher dans un portefeuille, où je laissai entrevoir bon nombre de billets de banque, une carte qui n'y était pas.— Eh bien! moi, dis-je avec un léger accent allemand et en saupoudrant mes phrases de quelques germanismes, je suis le comte Halphertius, gentilhomme suédois. Dites à sir Francis Drake que *j'ai venu* pour lui parler d'une affaire. Je vais à la Bourse où je donne des ordres à mon agent de change, et je repasse dans une demi-heure. — Cela dit du ton le plus grand seigneur, je me dirige vers ma voiture. Je n'avais pas encore monté le marche-pied que *l'allumeur*, courant après moi, venait me dire qu'il s'était trompé, que M. le baron de Nucingen était parti, et que son maître pouvait me recevoir immédiatement.

— Ça veut faire des finesses avec nous ! dit la Saint-Estève en haussant les épaules

— Sir Francis Drake, continua Vautrin, est un Anglais, très chauve, qui a le nez rouge et de grandes dents jaunes et saillantes: il me reçut avec une politesse froide en me demandant en bon français qu'elle était l'affaire dont je voulais l'entretenir. — Tout à l'heure, déjeûnant au Café de Paris, répondis-je, je lis ceci : et je lui passe le journal en lui marquant l'article du doigt. — C'est inconcevable, dit l'*impresario* après m'avoir rendu le journal, qu'on se permette ainsi de faire les honneurs du crédit des gens! — Le journaliste ne sait ce qu'il dit? vous n'avez pas besoin de capitaux? — Vous comprenez, monsieur; que ce n'est pas par la voie d'un journal de théâtre que, dans tous les cas, je leur ferai appel. — Très bien ! alors nous n'avons pas à parler, fis-je en me levant ; j'étais venu pour mettre des fonds dans votre entreprise. — J'aimerais mieux, me dit l'Anglais, que vous eussiez à m'offrir une prima dona. — J'offre les deux, répondis-je en me rasseyant, l'un *portant sur* l'autre. — Un talent connu ? demanda le directeur. — Inconnu tout à fait, repartis-je, n'ayant jamais paru sur aucun théâtre. — Hum ! c'est bien chanceux, dit M. le directeur d'un ton capable, les protecteurs de talens en herbe se font souvent de grandes illusions. — J'offre une commandite de cent mille francs pour que vous *prenez* seulement la peine d'entendre mon rossignol. — Ce serait beaucoup pour la peine que je me donnerais, et bien peu pour le salut de ma direction, en supposant qu'elle fût aussi embarrassée qu'on le dit. — Alors entendez-nous pour rien, et si nous vous convenons et que vous nous *faites* un sort honorable, je double la commandite. — Vous parlez avec une rondeur qui provoque la confiance ; de quel pays est la jeune artiste ? — Romaine... de Rome, Italienne pur sang, très belle, et vous pouvez juger si je m'y intéresse : j'étais fou d'elle, *pour* ce que je l'ai entendue de loin chanter dans une église. Je ne la vis qu'après. — Mais il me semblait qu'en Italie, me dit alors l'*impresario*, les femmes ne chantaient pas dans les églises.

— Eh bien! dit judicieusement la Saint-

Estève, est-ce qu'il n'y a des églises qu'en Italie?

— Précisément, reprit Vautrin, je sentais que, pour donner de la vraisemblance à mon personnage et à ma démarche, j'avais besoin, par un autre côté, de me poser sous un aspect un peu excentrique; prenant donc au bond l'occasion de faire, dans toute l'étendue du mot, une querelle d'Allemand : — Je vous *observe*, monsieur, répondis-je d'un ton qui n'avait rien de rassurant, que vous me faites l'honneur de me donner un démenti.
— Comment! dit l'Anglais avec étonnement, c'est à mille lieues de ma pensée.
— C'est clair, pourtant, repris-je; je vous dis : j'ai entendu la signora dans une

église; vous, vous me dites : Les femmes ne chantent pas dans les églises en Italie; alors cela revient *pour* dire que je ne l'ai pas entendue. — Mais, vous pouvez l'avoir entendue dans un autre pays? — Il fallait donc penser cela, continuai-je sur le même ton batailleur, avant de faire votre observation... extraordinaire. D'ailleurs, je vois que nous ne nous entendons pas : la signora peut attendre jusqu'au mois d'octobre l'ouverture du Théâtre-Italien de Paris; les artistes s'y font bien mieux connaître; ainsi, monsieur Drake, j'ai l'honneur de vous saluer, et, cette fois, j'eus l'air de vouloir sortir définitivement.

— Un rôle joliment joué! dit la Saint-Estève.

Dans toutes les choses les plus chanceuses, que le neveu et la tante avaient entreprises en commun, le côté artiste avait toujours été considéré par eux.

— Enfin, pour abréger, reprit Vautrin, mon homme ainsi mené en poste, nous nous séparâmes sur les termes suivants : Cent mille écus de commandite, cinquante mille francs d'appointements à la signora, pour le restant de la saison, en supposant que sa voix convienne, et pour juger du talent de la débutante, demain rendez-vous à deux heures chez Pape, où sir Francis Drake se trouvera avec deux ou trois amis, dont je l'ai autorisé à se faire assister. Nous, nous aurons l'air d'être venus pour acheter un piano. J'ai dit, toujours pour la vraisemblance, que la jeune personne pourrait s'épouvanter de la solennité d'une audition, et que de cette manière nous serions plus sûrs de la voir avec tous ses moyens !

— Mais dis donc, mon gros, fit Jacqueline, cent mille écus, c'est de l'argent !

— La somme, répondit négligemment Vautrin, qui m'est revenue de la succession de ce pauvre Lucien de Rubempré : d'ailleurs, j'ai étudié l'affaire. Mis en fonds, sir Francis Drake peut faire une très bonne saison ; j'ai Théodore Calvi, mon secrétaire (Voir *la dernière incarna-*

tion de Vautrin), qui m'est dévoué à la vie, à la mort, il entend admirablement les questions d'intérêt; j'ai stipulé pour lui la place de caissier, il aura l'œil à la commandite. Maintenant une seule chose m'inquiète : la signora Luigia m'a remué, mais je ne suis pas connaisseur, et des artistes en jugeront peut-être tout autrement que moi.

— Des artistes l'ont jugée, mon poulet, et son sculpteur ne pensait à lui donner la clé des champs qu'après l'avoir fait entendre par un nommé Jacques Bricheteau, un organiste de Paris, musicien consommé; ils étaient avec toi à Saint-Sulpice le soir de la capucinade, et l'organiste a trouvé, ce sont ses propres paroles, que cette femme, quand elle le voudra, a soixante mille francs dans la voix.

— Jacques Bricheteau! dit Vautrin, mais je connais ça : il y a un homme de ce nom employé dans un des services de la préfecture.

— Alors, dit la Saint-Estève, ça serait donc l'étoile de ton rossignol d'être protégée par la police.

— Non. Je me rappelle, dit Vautrin, ce Jacques Bricheteau, c'est un inspecteur de la salubrité qui vient d'être remercié pour s'être mêlé de politique. Eh bien! ajoute-t-il, si nous procédions à la présentation ? la soirée s'avance.

A peine Jacqueline Collin avait-elle quitté le salon pour aller chercher la Luigia, qu'un grand bruit se fit dans l'antichambre dont il était précédé.

Presqu'au même instant la porte s'ouvrit brusquement, et en dépit de la résistance désespérée du nègre, qui ce soir-là avait la consigne expresse de ne laisser pénétrer personne, elle donna accès à un personnage dont l'intervention était au moins très inopportune, si elle n'était pas tout à fait imprévue.

Malgré son air et sa tournure insolemment aristocratiques, surpris par un inconnu en cette violence, le survenant éprouva un moment d'embarras, et Vautrin eut la charité de compliquer sa situation en lui disant avec un air de bonhomie tudesque :

— Monsieur est un grand ami de madame de Saint-Estève?

— J'ai quelque chose de fort pressé à lui dire, répondit l'intrus, et ce domestique est si bête, qu'il ne sait vous dire si sa maîtresse est ou non chez elle.

— Je puis certifier qu'elle n'y est pas,

reprit le prétendu comte Halpherlius, je l'attends *pour* plus d'une heure qu'elle m'avait donné rendez-vous. C'est une petite folle, et je la crois au théâtre dont le nègre m'a dit que son neveu lui a envoyé tantôt un billet.

— A quelque heure qu'elle rentre, il faut que je lui parle, dit le nouvel arrivé en prenant un fauteuil et en s'y installant.

— Moi je n'attends pas *pour* plus longtemps, repartit Vautrin.

Et après avoir salué il se disposait à sortir.

A ce moment parut la Saint-Estève. Pour faire croire qu'elle venait de dehors, avertie par son nègre, elle avait eu soin de se coiffer d'un chapeau et de jeter un châle sur ses épaules.

— Ah! par exemple! fit-elle en jouant l'étonnement, M. de Ronquerolles, chez moi, à cette heure!

— Le diable vous emporte de crier ainsi mon nom! lui dit tout bas son client.

Entrant dans la mystification, Vautrin revint sur ses pas, et s'approchant de l'air le plus obséquieux :

— Monsieur le marquis de Ronquerolles, pair de France, ancien ambassadeur? dit-il je suis charmé *pour* avoir passé un moment avec un homme d'État si connu et un si parfait diplomate.

Et après un salut respectueux, il se mit en devoir de gagner la porte.

— Eh bien, baron, vous vous en allez? lui cria la Saint-Estève en tâchant de prendre le ton et l'accent d'une douairière du faubourg Saint-Germain.

— Oui ; monsieur le marquis a beaucoup à vous parler. Je reviens demain pour onze heures, mais soyez exacte.

— Soit, à demain onze heures, dit la Saint-Estève; je puis d'ailleurs vous annoncer que vos affaires sont en très bon chemin, vous revenez tout à fait à la future.

Vautrin salua de nouveau et sortit.

— Quel est donc cet original? demanda Ronquerolles.

— Un baron prussien que je marie, répondit la Saint-Estève. Ah ça, ajouta-t-elle, nous avons donc du nouveau, que vous ayez tant tenu à me parler?

— Oui, et du nouveau que vous auriez

dû savoir. La belle, depuis ce matin, a quitté la maison du sculpteur.

— Bah! fit Jacqueline, et qui vous a dit cela.

— Mon valet de chambre, qui a causé avec la femme de ménage.

— Ah! il paraît que nous travaillons à plusieurs, dit la Saint-Estève, saisissant l'occasion de faire une querelle.

— Eh! ma chère, vous ne marchiez pas, depuis bientôt un mois que la chose est entamée.

— Vous croyez, vous, que les choses se jettent en moule, et que les Italiennes, c'est de l'amadou comme vos lorettes de Paris; avec ça que vous êtes si donnant!

— Comment! voilà plus de trois billets de mille francs que vous avez déjà tirés de moi en faux frais!

— La belle poussée! et l'engagement que vous vous étiez chargé de négocier?

— Est-ce que je puis faire jouer le Théâtre-Italien exprès pour cette péronnelle? Si elle avait voulu débuter à l'Opéra !

— Il y a un théâtre italien à Londres, s'il n'y en a pas pour l'instant à Paris, et le directeur est justement ici, cherchant un premier sujet.

— J'ai bien vu cela dans les journaux ; mais qu'aurais-je été entamer avec un homme sur le point de faire faillite?

— Eh bien! c'est une chance, ça : on vient à son secours à cet homme, et alors par reconnaissance...

— C'est juste, dit le marquis en haussant les épaules, une petite affaire de cinq cent mille francs; ce qu'il en a coûté à Nucingen pour *la Torpille !*

— Mon petit père, on a envie d'une femme ou on n'en veut pas. Esther avait fait le trottoir; l'Italienne est au moins aussi belle qu'elle, c'est du cachet vert pour la vertu, de plus un talent superbe : trois billets de mille francs dont vous vous êtes fendu, voilà-t il pas de quoi jeter les hauts cris !

— Vous étiez-vous, oui ou non, chargée de la négociation ?

— Oui, et je devais en rester chargée seule, et si j'avais pensé que j'aurais l'honneur d'être contrôlée par votre valet de chambre, je vous aurais engagé à vous adresser ailleurs ; je ne travaille pas, moi, dans la partie double.

— Mais, vieille vaniteuse que vous êtes, sans ce garçon auriez-vous su ce que je viens de vous apprendre ?

— Et le reste, il vous l'a appris ?

— Comment ! le reste ! dit vivement le marquis.

— Oui, qui vous a déniché l'oiseau et

dans quelle cage il peut être à l'heure d'aujourd'hui.

— Mais vous, vous le savez donc ?

— Si je ne le sais pas, je m'en doute.

— Dites donc alors ! s'écria Ronquerolles mis tout en émoi.

— Vous qui connaissez toutes les crinières jeunes et vieilles de la ménagerie parisienne, vous devez bien avoir entendu parler du comte Halphertius, un gentilhomme suédois, puissamment ririche, tout fraîchement débarqué.

— Voilà la première fois que j'entends prononcer ce nom.

— Faut demander à votre valet de chambre, il vous renseignera.

— Allons, voyons! ne jouez pas au fin; vous dites donc que ce comte Halphertius?

— Est un mélomane enragé et un *femmomane* à la *Nucingen.*

— Et vous croyez que la Luigia aurait pris son vol de ce côté !

— Je sais qu'il tournait autour d'elle ; il m'a même fait faire des propositions magnifiques, et si vous n'aviez pas eu ma parole...

— Oh ! sans doute, vous êtes une commère de si haute vertu !

— Vous le prenez comme ça ! dit la Saint-Estève en fouillant dans sa poche, et en en tirant un portefeuille assez bien garni de billets, on va te rendre ton argent, mon petit; et te prier de nous flanquer la paix.

— Laissez donc, mauvaise tête ! répondit le marquis en voyant qu'on lui présentait trois billets de mille francs, ce que j'ai donné, vous savez bien que je ne le reprends pas.

— Et moi, ce que je n'ai pas gagné, je ne le garde pas. Vous êtes *floué*, monsieur le marquis. Je fais les affaires du comte Halphertius ; c'est moi qui ai enlevé la belle ; elle est même cachée ici dans mon appartement, et demain matin, avec le Suédois, je l'embarque pour Londres, où je lui ai mitonné un magnifique engagement.

— Mais, non ! mais, non ! je ne vous crois pas capable de me tromper, dit Ronquerolles, prenant pour une ironie la vérité qui, sous cette apparence, lui était dite à bout portant ; nous sommes, après tout de vieilles connaissances. Allons, reprenez ces billets, et dites-moi, au juste, ce que vous pensez de la concurrence de ce riche étranger.

— Eh bien ! je vous l'ai dit : c'est un homme puissamment riche, à ne regarder à aucun sacrifice, et je sais qu'il a eu plusieurs conférences avec madame Nourrisson.

— Alors ce serait cette vieille carcasse dont vous auriez appris tout ce détail ?

La Saint-Estève avec dignité :

— Madame Nourrisson est mon amie; on peut être en concurrence pour le même objet mais ce n'est pas une raison pour qu'en ma présence on en parle mal.

— Vous a-t-elle dit, au moins, demanda le marquis avec impatience, où demeurait ce comte Halphertius?

— Non, mais je sais qu'il a dû partir hier pour Londres ; c'est ce qui fait que je longeais avant de vous mettre la puce à l'oreille.

— C'est clair, l'Italienne sera partie pour aller le rejoindre !

— Vous pourriez bien ne pas vous tromper.

— Une affaire joliment conduite ! dit Ronquerolles, en se levant.

— Tiens ! fit insolemment la Saint-Estève, vous n'avez jamais eu d'échecs dans vos diplomaties ?

— Enfin, comptez-vous savoir quelque chose de plus précis ?

— On travaillera ; dit Jacqueline Collin.

C'était son mot pour promettre son concours.

— Mais surtout pas de double jeu ! s'écria le marquis, vous savez que je ne suis pas plaisant de mon naturel.

— Ça serait-il jugé par la cour des pairs? demanda la Saint-Estève, qui n'était pas femme à s'épouvanter facilement.

Sans répondre à cette impertinence :

— Vous pourriez peut-être, dit Ronquerolles, prier votre neveu de vous aider dans vos recherches.

— Oui, dit Jacqueline, je crois qu'il ne sera pas mal de le mettre un peu dans l'affaire, mais sans vous nommer, bien entendu.

— Et s'il avait jamais besoin de mon appui auprès de son préfet, vous savez que je suis aussi chaud ami qu'ennemi dangereux.

Là dessus le client et la Saint-Estève se séparèrent, et aussitôt qu'on eut entendu la voiture de l'ennemi s'éloigner, la vertueuse dame n'eut pas besoin d'aller chercher son neveu ; ayant fait le tour par un dégagement, il était revenu attendre dans une pièce voisine du salon d'où il avait tout entendu.

— Tu l'as joliment roulé ! dit Vautrin. Nous aurons soin, par de bons petits renseignements, de le tenir le bec dans l'eau pendant quelques jours ; mais maintenant, va-t-en vite chercher notre Hélène, car c'est bien juste s'il n'est pas heure indue pour que tu me présentes à elle.

— Sois tranquille, je vais arranger ça, dit la Saint Estève, qui, un instant après, revenait, amenant la belle gouvernante.

— La signora Luigia! monsieur le comte Halphertius! dit-elle, en présentant l'un à l'autre les futurs conjoints.

— Signora, dit Vautrin du ton le plus respectueux, mon amie, madame Saint-Estève, m'a dit que vous me permettez d'avoir intérêt *pour* vos affaires.

— Madame Saint-Estève, répondit Luigia, qui était arrivée à parler notre langue avec une grande pureté, m'a parlé de vous comme d'un homme très connaisseur dans les arts.

— C'est-à-dire, je les aime à la passion, et, par ma fortune, je fais tout pour les protéger. Vous avez, madame, un bien grand talent.

— C'est ce qu'on aura plus tard, si je puis avoir le bonheur de me produire.

— Vous pourrez vous produire quand vous *voulez* : j'ai vu le directeur du théâtre italien de Londres ; demain il vous entend, c'est convenu.

— Je suis bien reconnaissante des démarches que vous vous êtes empressé de faire ; mais avant d'accepter vos services, j'ai besoin que nous nous expliquions très franchement.

— La franchise me plaît extrêmement, répondit Vautrin.

— Je suis une pauvre abandonnée, continua la Luigia ; on me trouve passable, et, dans tous les cas, j'ai de la jeunesse, je dois donc répondre avec une certaine défiance à tous les empressements de bienveillance qui peuvent m'être témoignés. En France, m'a-t-on dit, ils sont bien rarement désintéressés.

— Le désintéressement, repartit Vautrin, je *le* réponds; mais empêcher les langues *pour* parler, ça, je ne le réponds pas.

— Ah! pour les langues dit la Saint-Estève, il faut en prendre son deuil; l'âge de M. le comte n'empêchera pas les bavardages, car c'est plutôt un jeune homme qui s'intéresserait à une femme sans avoir des idées; à Paris, les vieux garçons, c'est tous mauvais sujets.

— Moi, je n'ai pas des idées, dit Vautrin, si j'ai le bonheur *pour* être utile à la signora, *dont* j'estime plus que tout *son* talent, elle me souffrira bien d'être son ami; mais si je lui manquais de respect, elle aura, *pour* ce talent même, l'indépendance, et peut me mettre dehors de chez elle comme une femme de chambre qui la vole.

— Ainsi, monsieur le comte, demanda la Luigia, vous avez déjà eu la bonté de vous occuper pour moi d'un engagement.

— C'est comme fait, dit Vautrin ; demain vous chantez, et si votre voix plaît au directeur du théâtre italien de Londres, il y a cinquante mille francs convenus pour la fin de la saison.

— C'est un rêve dit l'Italienne ; mais

peut-être quand il m'aura entendue!

— Il pensera comme ce M. Jacques Bricheteau, répondit la Saint-Estève; celui-là avait dit que vous aviez soixante mille francs dans la voix. Ainsi, c'est dix mille francs dont vous êtes volée.

— Oh! pour donner les cinquante mille francs quand vous aurez chanté devant lui, ajouta Vautrin, je n'en suis pas en peine; maintenant les payer exactement, c'est une autre affaire. On le dit gêné. Mais nous ferons voir l'engagement par quelqu'un d'habile que nous donnera madame Saint-Estève; et puis la signora n'aura pas à s'occuper d'intérêts, ça regarde ses amis, elle n'a qu'à penser *pour* ses rôles.

Au moment où Vautrin avait dit : *quant à payer exactement les cinquante mille francs*, il avait trouvé le moyen, sans être aperçu, de pousser le pied de sa tante. Saisissant aussitôt sa pensée :

— Moi, je crois, au contraire, dit la Saint-Estève, qu'il paiera madame très exactement ; il ne voudra pas se brouiller avec vous, mon cher comte ; on ne trouve pas tous les jours un homme qui, pour faciliter un engagement, consente à exposer une somme de cent mille écus.

— Comment, monsieur, dit la Luigia, pour rendre mon engagement possible, un pareil sacrifice! Jamais je ne saurais permettre...

— Ma bonne madame Saint-Estève, dit Vautrin, vous êtes une bavarde, je n'expose rien, j'ai vu l'affaire de près, et à la fin de la saison je suis sûr *paur* des bénéfices; d'ailleurs je suis très riche, je suis veuf, sans enfants, et quand partie de cette somme *est* perdue, je ne me pends pas pour cela.

— C'est égal, monsieur, dit l'Italienne je ne souffrirai point une folie pareille.

— Alors vous ne me voulez pas pour ami, et vous avez peur d'être compromise si je vous viens en aide?

— En Italie, monsieur le comte, les Sigisbés sont admis couramment, et, pourvu qu'il n'y ait pas de mal au fond, on ne se soucie pas des apparences, mais je ne peux pas m'habituer à l'idée de vous voir exposer pour moi une somme de cette importance.

— Si je l'exposais, oui ; mais j'expose si peu, que votre engagement et les cent mille écus sont deux choses, et je fais toujours l'affaire avec le directeur, si vous me refusez.

— Allons, chère belle, dit la Saint-Estève, il faut vous résigner à avoir à mon ami Halphertius cette obligation ; vous comprenez que si je vous croyais ainsi entraînée au-delà de ce que vous jugez convenable, je ne me mêlerais pas de tout ceci. Parlez-en d'ailleurs à votre confesseur, vous verrez ce qu'il vous en dira.

— En Italie, je lui parlerais ; mais en France, pour un engagement de théâtre, je n'irai pas le consulter.

—Voyons, signora, dit Vautrin de l'air le plus affectueux ; pensez donc plutôt à votre carrière dans les arts : qu'elle s'ouvre si belle devant vous ! Et quand tous les journaux de l'Europe parleront de la diva Luigia, il y aura des gens bien attrapés pour avoir méconnu une si grande artiste et n'avoir pas su se maintenir avec elle en amitié.

Vautrin était un trop grand moraliste pour ne pas avoir calculé l'effet de cette allusion à la plaie secrète que l'Italienne avait au cœur.

Les yeux de la pauvre femme s'animèrent ; sa respiration se troubla :

— Monsieur le comte, dit-elle avec une sorte de solennité, je puis donc avoir confiance en vous?

— D'autant plus, signora, que si je fais de la dépense je ne suis pas sans prétendre aussi mes petits bénéfices.

— Qui seront? demanda l'Italienne.

— Que vous *avez* pour moi un peu de bienveillance, répondit Vautrin, que le monde me *croit* encore bien plus heureux que je ne serai, et que vous ne faites rien pour m'ôter cette petite jouissance d'amour-propre, *dont* je m'en contenterai.

— Je ne comprends pas bien, dit la Luigia avec un froncement de sourcils.

— Rien n'est plus simple, pourtant, dit madame Saint-Estève; mon ami ne veut pas être ridicule, et si, pendant qu'il aura tous les airs d'être votre protecteur, vous alliez renouer avec votre député ou vous mettre quelque amour dans la tête, son rôle, vous pouvez vous le figurer, ne serait pas très charmant.

— Je ne serai rien pour monsieur, dit la Luigia, qu'une amie reconnaissante et dévouée, mais rien aussi pour personne, et surtout pour celui que vous dites; je n'ai pas rompu, chère madame, sans y avoir bien pensé.

— C'est que, voyez-vous ma mignonne, dit la Saint-Estève, faisant montre de sa profonde science du cœur humain, justement ceux-là sont quelquefois les plus dangereux, avec lesquels on crie que tout est fini.

— Vous parlez à la française, madame dit l'Italienne.

— Ainsi donc demain, dit Vautrin, vous m'autorisez *pour* venir vous chercher et aller au rendez-vous pris avec ce directeur? Vous savez sans doute plusieurs des rôles de son répertoire?

— Je sais, répondit la Luigia, qui, depuis deux ans, étudiait avec une ardeur extrême, tous les rôles de la Malibran et de la Pasta.

— Et la nuit, demanda calinement Vautrin, ne vous portera pas de mauvais conseils?

— Voilà ma main, dit l'Italienne avec un naïf abandon ; je ne sais si en France on arrête ainsi les marchés.

— Ah! *diva! diva!* s'écria Vautrin avec les plus burlesques intonations de dilettante, et il effleura de ses lèvres la belle main qui lui était présentée.

Quand on se rappelle le terrible passé

de cet homme, il faut convenir que la comédie — nous nous trompons, nous voulions dire, la vie humaine, a des retours bien singuliers.

CHAPITRE TROISIÈME

III

Le dîner.

Le succès de l'audition dépassa toutes les espérances de Vautrin, et il n'y eut qu'une voix parmi les assistants pour l'engagement immédiat de la Luigia.

Si même on en eût cru sir Francis

Drake, l'acte eût été signé séance tenante, et, le même jour, la virtuose se fût mise en route pour Londres où, par l'indisposition de la Serboni, *her Majesty's theatre* était tenu en échec.

Mais, une fois sûr d'un des côtés de la question, Vautrin voulut voir plus clair dans l'affaire de la commandite, et, au lieu de la signora Luigia, ce fut lui qui, escorté de son secrétaire, partit pour l'Angleterre avec l'*impresario*, dont il voulait examiner la position de plus près.

Dans le cas où il n'aurait pas jugé que la situation fût bonne, il se réservait *in petto* de retirer très cavalièrement sa parole, l'apport du capital qu'il s'était un moment décidé à exposer, ne faisant plus la condition du début de la *diva*.

Au moment de son départ, il dit à la Saint-Estève :

— Nous sommes aujourd'hui le 17 de mai ; le 21, à sept heures du soir, je serai de retour à Paris avec sir Francis Drake. Dans l'intervalle, prends tes mesures pour que notre protégée soit en possession d'un trousseau convenable. Pas de luxe ridicule comme s'il s'agissait de l'équipement d'une lorette, mais des choses riches, de bon goût, pas tapageuses, qui n'effarouchent pas la délicatesse de la signora ; bref, ce que tu ferais pour ta fille si tu en avais une et que tu fusses au moment de la marier. Pour le même jour du 21, tu auras eu soin de commander chez Chevet un dîner de quinze personnes ; les convives qui auront été racolés par ton client Bixiou, seront, d'abord, toutes les sommités de la presse ; toi ensuite, cela va sans dire, comme maîtresse de la maison, mais je t'en supplie, une toilette calme et qui n'ait rien d'ébouriffant. Il nous faudra aussi un homme d'affaires intelligent pour contrôler la rédaction des actes avant la signature et un pianiste pour accompagner la *diva*, à laquelle nous ferons chanter quelque chose après le dîner; par toi, elle aura été préparée à l'idée de donner un avant-goût

d'elle-même à tous ces dispensateurs de
la renommée. Enfin, sir Francis Drake et
moi compléterons le nombre de quinze.
Inutile de te dire que c'est le comte Halphertius, ton ami, qui, n'ayant pas de
maison à Paris, donne chez toi ce dîner
où tout doit être fin, délicat, de manière
à ce qu'il en soit beaucoup parlé.

A la suite de ces instructions, Vautrin
était monté en chaise de poste, et il connaissait assez la Saint-Estève pour être
sûr que ses ordres seraient exécutés avec
intelligence et ponctualité.

Quand Vautrin avait désigné Bixiou à
sa tante, comme le recruteur du person-

nel de son dîner, voilà ce qu'il avait entendu par ce titre de *client* dont il l'avait honoré.

Entre les sources secrètes servant à alimenter la fortune incessamment grossissante que Rastignac avait flairée sous la raison sociale Saint-Estève, on pense bien que l'usure n'était pas un moyen dédaigné. Si les économistes ont été jusqu'à soutenir que l'argent était une marchandise dont le prix était indûment fixé par la loi, pour des consciences aussi larges que celles de Vautrin et de sa tante, l'article du Code pénal ne devenait un obstacle qu'autant qu'il ne pouvait être éludé. Mais quels sont les sots qui se laissent prendre dans les griffes de cet article? Il faut vraiment n'avoir jamais lu *l'Avare* de Molière pour ne pas s'aviser du *Maître Simon* que de temps immémorial les prêteurs à la petite semaine ont toujours eu soin d'interposer entre leur industrie et les tracasseries de la justice.

Au moyen d'un intermédiaire, mons Bixiou, que le grand laisser-aller de sa vie forçait souvent de recourir au crédit, s'était trouvé avec Jacqueline Collin en relations d'affaires, et, par son adresse de singe à fureter tous les mystères, ceux surtout qui pouvaient l'intéresser à travers toutes les ténèbres dont elle s'environnait, il avait fini par remonter jusqu'à sa créancière. Un jour, ne se trouvant pas en mesure d'acquitter un billet qui devait lui être présenté le lendemain, il s'était résolûment risqué chez cette ogresse, avec la prétention d'opérer le miracle d'un renouvellement consenti à son profit.

La Saint-Estève aimait les gens d'esprit, et, comme toutes bêtes féroces, elle avait ses heures de clémence. Inutile de dire que, pour l'apprivoiser, Bixiou avait fait des frais énormes; il avait le malheur gai, le paradoxe éblouissant et des théories de joyeuse immoralité, avec lesquelles il avait si bien étourdi l'usurière, que, non contente de lui accorder le renouvellement

demandé, elle avait fini par lui *surprêter*
une autre somme, et, dénoûment non
moins merveilleux, cette somme, il l'a-
vait rendue.

De là entre l'artiste et l'agente matrimoniale une certaine suite de rapports
bienveillants. Sans imaginer la terrible
compagnone à laquelle il se frottait,
Bixiou, parce qu'il la faisait rire et que,
de temps à autre, dans des jours de dé-
sespoir, il parvenait à l'attendrir de
quelques napoléons, se tenait pour un
homme habile, mais il ne savait pas
qu'il était le chien de la ménagerie dans
la loge du lion, et que cette femme, sous
le passé de laquelle il y avait de la

Brinvillers, pouvait aller jusqu'à lui faire payer de sa vie ses insolentes familiarités et les intérêts de ses emprunts.

En attendant cette tragique conclusion, qui, du reste, était peu probable, Jacqueline Collin ne se faisait pas faute d'employer le jovial causeur dans ce métier de furet qu'il pratiquait d'une manière si supérieure, et souvent même, sans qu'il s'en doutât, elle lui donna des rôles au milieu des ténébreux imbroglios qui faisaient l'occupation de sa vie.

Dans l'affaire de la Luigia, le caricaturiste devenait d'une convenance merveilleuse ; par lui on était sûr que tout l'ébruitement nécessaire serait donné à l'apparition sur l'horizon parisien du comte Halphertius, à sa passion pour la cantatrice, aussi bien qu'aux grands sacrifices qu'il faisait pour elle.

Il faut ajouter que, par l'universalité de ses relations avec le Paris écrivant, chantant, dessinant, mangeant, vivant et grouillant, personne, comme lui, n'était capable d'amener au grand complet le contingent des bouches de la Renommée désiré par Vautrin.

Le 21, à sept heures précises du soir, tous les convives nommés précédemment par Desroches à Maxime, plus Desroches lui-même, étaient réunis dans le salon de la rue de Provence, quand le nègre annonça sir Francis Drake et Son Excellence le comte Halphertius, qui n'avait pas voulu être nommé le premier.

La tenue du gentilhomme suédois était du dernier correct; habilement noir, gilet blanc et cravate blanche sur laquelle se dessinait le ruban d'un *nichan* de fantaisie porté au cou. Ses autres décorations pendaient attachées à sa boutonnière par des chaînettes, mais il n'avait pas osé risquer la plaque brodée sur l'habit, ce que le vulgaire appelle un *crachat*.

Au premier coup-d'œil jeté sur l'ensemble de la réunion, Vautrin eut le désagrément de reconnaître que les habitudes et les instincts de la Saint-Estève avaient été plus puissants que sa recommandation spéciale et expresse, et une espèce de turban jaune et vert, dont il la trouva ridiculement affublée, lui aurait donné un mouvement de mauvaise humeur, si, grâce à la manière habile dont, pour tout le reste, ses intentions avaient été remplies, la malencontreuse coiffure n'avait trouvé grâce devant lui.

Quant à la Luigia, vêtue de noir, selon son habitude, et ayant eu le bon esprit de refuser les services d'un coiffeur, qui avaient vainement essayé de s'immiscer dans ce qu'il appelait bêtement le désordre de sa chevelure, elle était royalement belle, et, par un air de mélancolique gravité répandu dans toute sa personne, imprimait un sentiment de respect dont s'étonnaient eux-mêmes, ceux auxquels elle avait été annoncée par Bixiou comme une de leurs justiciables.

La seule présentation spéciale qui fut faite à Vautrin fut celle de Desroches, que Bixiou mit en rapport avec lui en se servant de cette formule gaîment emphatique :

— Maître Desroches, l'avoué le plus intelligent des temps modernes.

Quant à sir Francis Drake, ce qui pouvait le faire supposer un peu moins dédaigneux qu'il n'avait voulu le paraître de l'influence des journaux de théâtre appliquée à la surexcitation des capitaux, c'est qu'il se trouva de connaissance avec Félicien Vernou et Lousteau deux hommes de cette presse secondaire avec lesquels il échangea de chaleureuses poignées de main.

Avant qu'on annonçât le dîner, le comte Halphertius se crut dans le devoir de formuler un petit *speech*, et, après avoir un instant causé à voix basse avec la signora Luigia, dont il avait le bon goût de ne s'approcher que quelques minutes après son arrivée, ayant l'air de s'adresser à la Sainte-Estève, mais élevant suffisamment la voix pour être entendu de toute l'assistance :

— Chère madame, dit-il à sa tante, vous êtes vraiment miraculeuse ; la première fois que je me trouve dans un salon de Paris, *pour ce que* vous m'y faites rencontrer avec tout ce que la littérature, les arts et les affaires peuvent offrir en échantillon le plus distingué. Moi *que je ne suis* qu'un barbare du Nord, quoique cependant, notre pays a aussi ses célébrités, Linnée, Berzelius, le grand Thorwaldsen, Tegnen, Franzen, Geier et la charmante romancière Frederique Bremer, je me trouve ici tout étonné et confondu, et ne sais comment vous adresser le sentiment de mon extraordinaire gratitude.

— Mais par Bernadotte, répondit la Saint-Estève, dont l'érudition historique allait jusque-là, la France et la Suède se donnent la main.

— Il est certain, répondit Vautrin, que notre bien-aimé souverain Charles XIV...

La parole lui fut coupée par un maître-d'hôtel, qui ouvrit les portes du salon en annonçant le dîner.

La Saint-Estève prit le bras de Vautrin, auquel elle dit en chemin :

— Trouves-tu les choses assez bien *ficelées?*

— Oui, répondit Jacques Collin, tout a très bon air? il n'y a que ton diable de turban couleur perroquet qui m'a d'abord effarouché.

— Mais non, dit Jacqueline, avec ma figure javanaise, (elle était née en effet à

Java) quelque chose d'oriental me *chausse* assez bien.

La Saint-Estève fit asseoir à sa droite sir Francis Drake et Desroches; occupant en face d'elle le milieu de la table, Vautrin fut flanqué d'Emile Blondet des *Débats*, et de la Luigia, qui, elle-même, eut à côté d'elle Théodore Gaillard ; les vingt-cinq mille abonnés du journal dirigé par cet habile industriel appelaient bien sur lui cette distinction. Les autres convives se placèrent à leur fantaisie.

En somme, le dîner fut peu animé ; plus d'une fois, la *Comédie humaine* a eu l'occasion de montrer dans le jour éclatant du *triclinium* la joyeuse espèce de convives que nous trouvons réunie ici ; mais en ces rencontres, on ne lui avait pas, comme dans celle-ci, mis une muselière. De la part de Saint-Estève, Bixiou avait recommandé à tous les invités de ne rien risquer qui pût inquiéter les chastes oreilles de la pieuse Italienne. Forcés de s'observer, tous ces gens, de plus ou moins d'esprit et de cœur, comme dit un célèbre critique, avaient perdu leur verve, et se retirant sur la chère qui était excellente, ils causaient à voix basse, ou laissaient la conversation se traîner dans les banalités bourgeoises. On mangeait donc, et l'on buvait sourdement, pour ainsi parler ; mais en réalité, on ne dînait pas.

Incapable de supporter longtemps un pareil régime, Bixiou, au milieu de cette torpeur, voulut au moins se ménager une récréation. L'intimité d'un grand seigneur étranger avec la Saint-Estève n'avait pas laissé de lui donner à penser; il avait également été frappé d'une certaine insuffisance de Vautrin comme amphitryon, et s'était dit qu'un vrai gentilhomme, à moins de frais, aurait trouvé le moyen de donner de la vie à une réunion. Voulant donc tâter son homme, il imagina de lui donner la question par la Suède, vers le commencement du second service, du bas bout de la table où il était placé :

— Monsieur le comte, lui cria-t-l,

vous êtes trop jeune pour avoir connu Gustave III, que Scribe et Aubert ont arrangé en opéra, et qui chez nous a donné son glorieux nom à un *galop.*

— Je vous demande pardon, répondit Vautrin se jetant sur l'occasion qui venait de lui être faite, j'ai près de soixante ans, ce qui fait treize ans en 1792, quand notre bien-aimé souverain *est* tué par la main de l'assassin Ankastroëm ; je puis donc bien me rappeler tout ce temps.

Cela dit, au moyen d'un volume intitulé : *Caractères et anecdotes de la cour de Suède,* paru en 1808, sans nom d'auteur, chez le libraire Arthus Bertrand, et que depuis son *incarnation* suédoise il avait acheté à l'étalage d'un bouquiniste, le chef de la police de sûreté fut en mesure d'esquiver le guet-à-pens. Il fit mieux encore : comme un homme qui n'attend que le moment d'être mis sur un texte qui lui soit familier pour se montrer avec tous ses avantages, une fois le robinet ouvert, il fut sur tous les grands noms de son prétendu pays d'une telle abondance d'érudition et d'une telle pertinence, donna tant de détails circonstanciés, raconta tant d'anecdotes curieuses et secrètes ; notamment dans l'histoire du fameux coup d'État par lequel en 1772 Gustave III avait émancipé sa couronne, il fut si précis et si intéressant, qu'en sortant de table Emile Blondet dit à Bixiou :

— J'étais comme toi : un comte étranger, de la main de cette entrepreneuse de mariages, m'avait d'abord paru suspect ; mais outre que le dîner était vraiment princier, cet homme sait sa cour de Suède comme il est impossible de l'apprendre dans les livres. C'est décidément un homme très bien né, et, si l'on était de loisir, il y aurait une brochure pleine d'intérêt à faire avec tout ce qu'il nous a conté.

Un peu après le café pris, sir Francis Drake, Vautrin et Desroches passèrent dans une pièce voisine du salon, où furent discutés l'acte de la commandite et l'engagement de la prima-dona. Toutes les clauses arrêtées, Vautrin vint prendre la *diva* pour apposer sa signature.

— C'est un fin renard, dit Desroches à Bixiou en sortant de la conférence. Il doit être colossalement riche, il a compté à l'Anglais, séance tenante, cent mille écus en billet de Banque, et comme je voulais faire insérer dans l'engagement un article un peu *raide* relativement au paiement des appointements que sir Francis Drake n'a pas la réputation, comme dir Léon de Lora, de payer *rubis sur l'ongle*, notre gentilhomme s'est opposé à l'expression écrite de cette défiance, d'où je conclus qu'il n'a rien obtenu encore de la belle Italienne, et et qu'il n'est pas fâché, par un arriéré de solde, de la tenir dans sa dépendance.

— Et tes honoraires! dit Bixiou, t'a-t-il parlé de quelque chose? J'ai dit à la Saint-Estève que des gens d'affaires de ton importance ne se dérangeaient pas pour la soupe et le bouilli, et qu'il fallait du persil autour.

— Tiens, dit Desroches en tirant de sa poche une boîte en or de forme oblongue et très richement ciselée, tout à l'heure, pendant que je lisais les actes,

ayant remarqué que j'avais placé près de
de moi, sur la table, ma tabatière en
corne d'Irlande, qui vaut bien dix francs,
notre homme m'interrompit pour me
prier de la lui passer. Quand j'eus terminé la lecture, je voulus *prendre une
prise*, et à la place de ma boîte, qui avait
disparu, je trouvai ce bijou.

— *Ma tante*, dit Bixiou, prêterait dessus trois ou quatre cents francs, ce qui
suppose une valeur d'un billet de mille.

— Comme je me récriais, continua
Desroches, sur cette substitution : C'est
moi, me répondit galamment notre
homme, qui gagne au change ; je pos-

sède maintenant une relique, la tabatière du Napoléon des avoués.

— C'est très gentilhomme, répondit Bixiou, et, s'il plaît à Dieu et à la Saint-Estève, je cultiverai cette connaissance. Hein! dis donc, si je faisais sa charge dans un des prochains numéros du *Charivari*?

— Il faudrait savoir, repartit Desroches, s'il a l'esprit assez français pour être charmé de se voir en caricature.

A ce moment, un accord de piano annonça que la signora Luigia allait paraître sur la brèche.

Elle chanta la romance du *Saule* avec une profondeur d'expression qui émut toute l'assistance, bien que l'épreuve eût lieu devant un aréopage de *jugeurs* occupés à digérer un dîner où personne ne s'était beaucoup ménagé.

Émile Blondet, qui passait plutôt pour un penseur politique que pour un homme d'imagination, fut surpris, dans l'entraînment de son enthousiasme, à battre la mesure. Il est vrai de dire qu'il la battait à faux, mais l'émotion n'en était pas moins constatée. Le morceau fini, Félicien Vernou et Lousteau, allant à sir Francis Drake, lui dirent avec un semblant d'indignation fait pour flatter à la fois son habileté et ses espérances de directeur :

— Il faut que vous soyez un grand misérable, avoir engagé un talent pareil pour cinquante mille francs, un morceau de pain !

La Luigia chanta encore un air de la *Nina*, de Paesiello et, dans ce personnage si vivement accentué, elle révéla un talent de comédienne qui ne le cédait en rien à son talent de cantatrice.

— Elle m'a fait peur ! dit tout bas la

Saint-Estève à Vautrin : j'ai cru voir la fille à Peyrade.

Allusion à une épouvantable histoire accessoire à celle du banquier Nucingen, et dans laquelle cette terrible jouteuse avait joué le principal rôle; et elle avait rendu folle une malheureuse créature, en la faisant, par une atroce vengeance, conduire dans un lieu de prostitution. (Voir *Splendeur et Misère des courtisanes.*)

Ce qui compléta le succès de la Luigia et lui devint, auprès de ses juges, une singulière recommandation, ce fut sa modestie et une sorte d'ignorance où elle restait de son prodigieux talent, au milieu des éloges qui, de toute part, lui étaient prodigués. Habitué aux amours-propres forcenés et aux insolentes prétentions des moindres roitelettes de théâtre, tout ce monde de journalistes ne revenait pas de l'humilité et de la simplesse de cette impératrice, paraissant tout étonnée de l'effet qu'elle avait produit. Par quelques paroles adroitement jetées, avant qu'on se séparât, à chacun de ces grands hommes, et par une carte que le lendemain il eut soin de faire remettre à leur domicile. Le comte Halphertius, pour le premier moment du moins, assura à sa protégée un chœur d'admiration qui devait retentir au-delà de la Manche et devenir presque l'équivalent d'un brillant début au Théâtre-Italien de Paris.

Le départ de la signora, sans plus de délai, demeura fixé au lendemain ; il fut convenu qu'elle partirait dans la compagnie de sir Francis Drake. Pour rompre le tête-à-tête, la Saint-Estève avait eu le soin d'arrêter une femme de chambre, et, contre son usage quand elle *se mêlait de domestiques*, elle avait eu soin de la choisir honnête.

Le comte Halphertius donna de ses intentions désintéressées un témoignage qui fut vivement apprécié. Il annonça, ce qui était vrai, que ses affaires le retenaient à Paris, se réservant, s'il était assez heureux pour les avoir terminées avant un mois à six semaines, de faire une échappée vers Londres, afin d'aller jouir du triomphe qui pour lui ne faisait plus un doute et dont il se félicitait d'avoir pu être l'*organisateur* et l'instrument.

CHAPITRE QUATRIÈME

IV

L'asile d'Hanwell.

Quelques jours avant le départ de la Luigia, le paquebot de Boulogne conduisait en Angleterre un autre personnage de cette histoire.

Une fois mis au courant du lieu où il pourrait faire parvenir à Sallenauve des renseignements qu'il jugeait d'une extrême urgence, Jacques Bricheteau n'avait plus songé à lui écrire ; il avait trouvé plus sûr et plus simple d'aller conférer avec lui.

Arrivé à Londres, le voyageur fut assez surpris d'apprendre qu'Hanwell était l'une des plus célèbres maisons de fous des trois royaumes. Toutefois en se rappelant les appréhensions que l'état moral de Marie-Gaston avait données à son ami, il aurait pu arriver à deviner la vérité, mais il fut tout à fait dépaysé, quand on lui eut, en outre, expliqué que cette maison, où les malades étaient traités aux frais du comté, n'admettait que des aliénés de la classe pauvre et qu'on n'y était pas reçu pour de l'argent.

Ne faisant pourtant point la faute de se perdre en conjectures inutiles, Jacques Bricheteau, qui déjà nous a donné plus d'une preuve de son caractère prompt et résolu, prit le parti de pousser sans plus de délai jusqu'à Hanwell, et comme cette résidence n'est pas à plus de neuf milles de Londres, il y fut presque aussitôt rendu.

Hanwell est une grande construction d'assez bonne apparence ; sa façade, qui n'a pas moins de neuf cent quatre-vingt-seize pieds de long, est coupée par trois tours octogones, à trois étages marquant le centre et les deux extrémités; on a ainsi rompu la monotonie des lignes architecturales, où la sévère destination de l'édifice a paru commander une grande sobriété d'ornementations.

L'asile est agréablement situé au pied d'une colline, sur la limite des comtés de Jersey et de Middlesex. Ses vastes dépendances, en jardin et fermes, sont comprises entre la route d'*Uxbridge* la rivière *Brent* et un canal appelé le grand canal de jonction (*grand junction canal*):

neuf cent quinze malades peuvent y être reçus et traités.

Étant reconnu que le travail est un des plus précieux adminicules du traitement médical, la maison contient des ateliers de menuisiers, de serrruriers, de peintres, de vitriers, de faiseurs de brosses, de charbonniers ; on y fabrique aussi du fil, des souliers, de la vannerie, des chapeaux de paille, des paniers à fraises et toute espèce d'ouvrages de femmes.

Les plus délicats objets de cette fabrication sont vendus aux visiteurs dans un bazar où ils sont exposés, et qui est d'un beau revenu pour l'asile.

Les malades incapables d'être employés à un métier, partagent les travaux du jardinage et de la ferme, qui fournissent en grande partie aux besoins de l'établissement; le pain et la bière se préparent également dans la maison ; enfin on y confectionne tout le linge nécessaire, et il y est blanchi au moyen d'une machine à vapeur qui sert en même temps au chauffage de toutes les parties du bâtiment.

Une chapelle ornée d'un bel orgue à clavier, une bibliothèque et une salle destinée à des concerts dont on a constaté la salutaire influence sur la santé des malades, témoignent qu'à côté des soins intelligents donnés aux douleurs physiques, les besoins de la nature morale n'ont été, ni oubliés ni méconnus.

Enfin, comme l'écrivait lord Lewin à Sallenauve, à la tête de la maison est placé le docteur Ellis, praticien distingué, auquel on doit un livre remarquabe sur l'étiologie et la thérapeutique des maladies mentales. Dans le traitement de ces affections, cet habile aliéniste ne dédaigne pas les lumières et le concours de la science phrénologique.

Parvenu jusqu'à lui, l'organiste lui demanda si un Français du nom de Sallenauve ne résidait pas momentanément à Hanwell? Là encore, Jacques Briche-

teau paya les frais de sa mine négligée
et pauvreteuse, et, sans daigner entrer
avec lui dans aucune explication, le docteur répondit net et bref que le nom de
M. de Sallenauve lui était complétement
inconnu.

Cette réponse, après tout, n'avait rien
que de vraisemblable. Jacques Bricheteau se retira donc assez désappointé,
et, arrivant à croire ou que madame de
l'Estorade lui avait mal prononcé, ou
que lui-même avait mal retenu le mot
d'Hanwell, il passa plusieurs jours à
courir le comté de Middlesex, recher-
chant toutes les localités que la dési-
nence en *ell* pouvait recommander à son
attention.

Toutes ses recherches restées inutiles, comme rarement dans aucune de ses entreprises il avait le démenti de son esprit persévérant et plein de ressources, Jacques Bricheteau prit le parti de faire à Hanwell une seconde tentative écrite, pensant avec raison qu'une lettre passait là où l'on interceptait un homme ; et, en effet, dans la soirée du jour où il avait confié son épître à la poste, il recevait de Sallenauve une réponse par laquelle il était invité à se rendre à l'Asile où la plus cordiale réception lui était annoncée.

Le procédé du docteur Ellis fut expliqué à Jacques Bricheteau, quand il connut le malheur qui avait frappé Marie-Gaston. La discrétion est, sans contredit, l'une des vertus les plus nécessaires chez le directeur d'une maison d'aliénés que sa position fait à tout moment dépositaire de confidences qui intéressent l'honneur des familles. Avouer que l'ami le plus intime de Marie-Gaston, dont tout le monde connaissait la mélancolie noire, se trouvait dans le moment à Hanwell, n'était-ce pas mettre sur la trace de sa maladie un questionneur inconnu, et le secret convenu autour du désordre mental qu'on se plaisait à regarder comme momentané et réparable, n'eût-il pas ainsi été compromis ?

Arrivé à l'Asile et présenté par Sallenauve comme un de ses amis, Jacques Bricheteau y reçut l'accueil le plus empressé. Après lui avoir adressé ses excuses, le docteur Ellis qui, plus d'une fois dans sa pratique, avait obtenu de la musique des effets vraiment merveilleux lui dit qu'il considérait sa venue comme une chance des plus heureuses, et que, dans la guérison du malade, son remarquable talent d'organiste pouvait devenir le dernier appoint.

Malheureusement, depuis son départ de Ville-d'Avray, l'état de Marie-Gaston s'était cruellement compliqué.

Jusqu'à son arrivée en Angleterre, il

avait été relativement gai, docile à tous les conseils de lord Lewin, et on aurait cru voir deux amis voyageant pour leur plaisir, de compagnie.

Mais quand au lieu de céder à l'impatience du malade qui voulait, sans retard, s'embarquer pour l'Amérique du Sud, lord Lewin, prétextant de quelques affaires qui l'appelaient dans une localité voisine de Londres, avait proposé à Marie-Gaston d'être du voyage, celui-ci avait commencé à soupçonner quelque leurre dont on avait flatté sa manie. Cependant il avait fini par se laisser conduire à Hanwell, que lord Lewin lui avait donné pour un château royal, et

même il n'avait fait aucune résistance
quand il s'était agi de passer le seuil de
sa future prison ; mais une fois en présence du docteur Ellis, d'avance prévenu par une lettre de lord Lewin, une
sorte d'instinct, dont les aliénés sont
très capables, avait semblé révéler au
douloureux ami de Sallenauve le danger
que courait sa liberté.

— La figure de monsieur me déplaît,
avait-il dit tout haut à lord Lewin ; allons
nous-en !

Le docteur avait essayé de tourner
cette boutade en plaisanterie ; mais, s'a-

nimant de plus en plus, Marie-Gaston s'était écrié :

— Taisez-vous, votre gaîté est odieuse, vous avez tout l'air d'un bourreau.

Peut-être en effet, cette profonde attention que les médecins d'aliénés mettent à lire dans la physionomie de leurs administrés, jointe à cette sévérité et à cette fixité du regard, par laquelle ils sont souvent forcés de leur imposer, finit-elle par imprimer à leur visage une habitude scrutatrice et inquisitoriale qui doit agir de la manière la plus agaçante sur le système nerveux, d'ailleurs si impressionnable, des malheureux soumis à leur examen.

— Vous ne me priverez pas, pourtant, j'ose l'espérer, avait répondu le docteur, du plaisir de vous garder à dîner avec mon ami lord Lewin.

— Moi ! dîner chez vous, avait répondu Marie-Gaston avec véhémence, pour que vous m'empoisonniez !

— Eh bien ! mais le poison, avait dit vivement lord Lewin, c'est assez votre affaire. Ne parliez-vous pas l'autre jour de prendre un dose d'acide cyanhydrique (prussique) ?

En jetant cette phrase provocante, lord Lewin n'avait pas, comme on serait tenté de le croire, commis une imprudence; ayant beaucoup étudié les fous, il s'était aperçu que chez Marie-Gaston couvait contre le docteur une disposition des plus menaçantes; et comme il était énergique et vigoureux, il s'était arrangé pour détourner sur lui la nuée d'orage prête à crever.

Les choses n'avaient pas manqué de se passer comme il l'avait prévu.

— Ah! vile canaille! s'était écrié Marie-Gaston, en lui sautant à la gorge; tu t'entends avec *l'autre*, et tu lui vends mes secrets!

Ce n'était pas sans peine que lord Lewin s'était dégagé de sa violente étreinte, et l'intervention de deux gardiens avait été nécessaire ; le malheureux était devenu fou-furieux.

Ce paroxisme, qui s'était prolongé pendant plusieurs jours, avait cédé aux soins et au traitement du docteur, et maintenant, devenu doux et tranquille, le malade accusait quelques symptômes d'une guérison probable, mais il y avait à provoquer chez lui une crise finale dont sir William Ellis était occupé à chercher la forme et le véhicule au moment où Jacques Bricheteau était intervenu.

Aussitôt que Sallenauve se trouva seul avec l'organiste, il s'enquit curieusement du motif qui l'avait poussé à venir le rejoindre, et reçut avec une certaine émotion la nouvelle de l'intrigue que Maxime et les Beauvisage semblaient occupés à organiser contre lui.

Revenu aussitôt à ses anciens soupçons :

— Mais êtes-vous bien sûr, demanda-t-il à Jacques Bricheteau, que ce personnage à peine entrevu soit effectivement le marquis de Sallenauve?

— La mère Marie des Anges et Achille

Pigoult, répondit Bricheteau, par lesquels j'ai été avisé de la trame, ne mettent pas plus que moi en doute l'identité du marquis, et dans le commérage dont on essaie de vous faire une menace, un seul côté me paraît grave : c'est que, par votre absence, vous laissiez le champ libre à vos adversaires.

— Mais, repartit le député, la Chambre ne jugera pas sans m'entendre; j'ai écrit au président pour lui demander un congé, et dans le cas très peu probable où ce congé ne me serait pas accordé, j'ai prié l'Estorade, qui sait les motifs de ma présence ici, de vouloir bien me servir de caution.

— Vous avez aussi écrit à madame? demanda l'organiste.

— Je n'ai écrit qu'à elle, répondit Sallenauve, pour lui annoncer le malheur arrivé à notre ami, et en même temps je la chargeais de dire à son mari le bon office que j'attendais de lui.

— S'il en est ainsi, dit Bricheteau, ne comptez d'aucune façon sur les l'Estorade, le bruit du coup qui se prépare contre vous était déjà sans doute parvenu jusqu'à eux. Et après avoir raconté la réception qui lui avait été faite, aussi bien que les désobligeantes paroles recueillies de la bouche de madame de l'Estorade, Jacques Bricheteau en vint à conclure que, dans la lutte près de s'engager, aucune assistance ne pouvait être espérée de ce côté.

— Ce dénoûment, répondit Sallenauve, a quelque droit de me surprendre, après les assurances assez vives que madame de l'Estorade m'avait données d'une bienveillance à toute épreuve ; mais, en somme, ajouta-t-il philosophiquement, tout est possible, et la calomnie a bien souvent miné d'autres dévoûments.

— Dès-lors vous le comprenez, dit l'organiste, il faut nous mettre en route pour

Paris, et sans aucun retard ; tout bien considéré, votre présence ici n'est que très relativement nécessaire.

— Au contraire, répondit Sallenauve, le docteur se félicitait encore ce matin que j'eusse pris le parti de venir, disant qu'à un moment donné, mon intervention pourrait devenir très utile. Jusqu'ici même, il n'a pas permis que je visse le malade, afin de me réserver au besoin pour quelque coup de théâtre.

— L'utilité de votre présence, répondit Jacques Bricheteau, n'en reste pas moins problématique, tandis qu'en vous éternisant ici, vous compromettez de la manière la plus positive votre avenir politique, votre considération, en un mot tout ce dont l'amitié la plus ardente n'a pas le droit de vous demander le sacrifice.

— Allons causer de tout ceci avec le docteur, finit par dire Sallenauve, qui ne pouvait méconnaître ce que l'insistance de Jacques Bricheteau avait de justifié.

Interrogé sur la question de savoir si la résidence de Sallenauve à l'Asile devrait encore longtemps se prolonger :

— Je le crois, répondit le docteur. Je

viens de voir notre malade, et l'irritation cérébrale qui, de nécessité, doit avoir cédé à l'action matérielle des remèdes avant que l'on puisse penser à l'intervention d'aucun moyen moral, me paraît malheureusement en voie d'une exacerbation nouvelle.

— Mais, dit vivement Sallenauve, vous ne perdez pas, docteur, tout espoir de guérison ?

— Loin de là; j'ai une foi absolue dans une heureuse terminaison, mais ces cruelles affections présentent ainsi de fréquentes alternatives de bien et de mal, et en, somme, je commence à entrevoir, pour la guérison, un délai beaucoup plus long que je ne l'avais d'abord pensé.

— Nommé récemment membre de la chambre des députés, dit alors Sallenauve, je suis appelé à Paris par l'ouverture de la session ; en même temps, je me sens réclamé par des intérêts graves, dont monsieur, ajouta-t-il, en désignant Bricheteau, est venu exprès pour m'entretenir ; si donc, je devais croire que ma présence ne dut pas être immédiatement utile...

— Parlez, dit le docteur, cela peut être très long. Si l'état du malade n'avait pas empiré, avec vous, avec notre orgue touché par monsieur, et l'intervention d'une jeune personne parente de madame Ellis, qui plus d'une fois en pareille occasion, m'a secondé avec beaucoup d'intelligence, je pensais à arranger quelque scène dramatique dont j'espérais un bon résultat. Mais, outre que notre jeune parente est absente, il n'y a pas lieu pour le moment d'attaquer le mal autrement que par des agents physiques; ainsi donc, encore un coup, partez. Le malade est un de ceux auxquels il est impossible de ne pas prendre un vif intérêt; en le laissant à mes mains et à celle de lord Lewin vous pouvez être tranquille, j'irai même jusqu'à vous dire que je fais de sa guérison une affaire d'amour-propre; dans la bouche d'un médecin, je ne sache pas pour votre sollicitude de meilleure garantie.

Sallenauve serra avec reconnaissance la main du docteur, en voyant le luxe de soins qu'il mettait à le rassurer. Il alla prendre congé de madame Ellis, qui ne fut pas moins empressée que son mari à promettre, à l'endroit de Marie-Gaston, le dévoûment d'une surveillance toute maternelle. Quant à lord Lewin, il avait pris pour le caractère de Sallenauve l'estime la plus amicale, et son procédé dans le passé était la caution de ce qui pouvait en être attendu dans l'avenir et dans le présent. Bricheteau n'eut donc point de peine à obtenir qu'on se mît en route sans plus de délai.

Arrivés à Londres, vers cinq heures de l'après-midi, les voyageurs en seraient partis dans la soirée, sans la surprise qui les attendait.

D'abord, leur œil fut frappé d'affiches gigantesques comme le *puffisme* anglais sait seul les faire, annonçant à tous les coins de rues, pour le soir même, le second début de la SIGNORA LUIGIA au *Théâtre de Sa Majesté.*

Le nom seul était fait pour attirer l'attention des voyageurs, mais les journaux, auxquels, pour plus d'information, ils recoururent, leur fournirent, suivant la mode anglaise, tant de détails circonstanciés sur la débutante, que Sallenauve ne dut plus mettre en doute la transformation de son ancienne gouvernante en l'un des astres les plus éblouissants qui depuis longtemps se fût levé à l'horizon du ciel britannique.

S'il eût écouté Jacques Bricheteau, il se fût contenté de saluer de loin le succès de la belle Italienne, et n'en eût pas moins continué son voyage.

Mais après avoir calculé que la soirée passée à Londres n'apporterait pas un notable retard à son voyage, le député voulut constater par ses yeux et par ses oreilles la valeur de cet enthousiasme qui, de toute part, éclatait au sujet de la prima-dona.

En se rendant aussitôt au bureau de la location des loges, qu'il trouva fermé, Sallenauve put déjà reconnaître tout le symptôme d'un succès immense; dès deux heures de l'après-midi, il n'y avait plus eu dans la salle une seule place de disponible, et il fut trop heureux, au prix de cinq livres (cent vingt-cinq francs), d'acheter d'un revendeur deux stalles de parterre.

Jamais peut-être le théâtre italien de

Londres n'avait vu une plus belle réunion, et l'on ne peut s'empêcher d'être frappé du capricieux agencement des choses humaines, quand on pense que tout ce mouvement de l'aristocratie anglaise autour de la grande artiste qui se révélait, avait eu en réalité pour point de départ le besoin que s'était senti Vautrin, l'ancien forçat, de monter dans la hiérarchie de la police un échelon un peu plus élevé.

Par une autre coïncidence également étrange, la pièce annoncée sur l'affiche était : *La Pazza d'amore* (la Folle par amour), de Paesiello, dont la Luigia avait chanté un air le jour du dîner donné chez madame Saint-Estève. La toile levée, Sallenauve, qui, pendant près d'une semaine, avait vécu à Hanwell au milieu d'une population d'aliénés, put d'autant mieux apprécier le prodigieux talent de comédienne que son ancienne gouvernante déploya dans le rôle de Nina, et, en présence d'une déchirante vérité d'imitation, il eut comme un renouvellement de toutes les émotions par lesquelles l'affreuse réalité de la démence de Marie-Gaston venait de le faire passer.

Bricheteau, malgré la mauvaise humeur où l'avait d'abord jeté ce qu'il appelait la *musarderie* de Sallenauve, finit aussi par tomber sous le charme de la puissante exécution de la cantatrice, et, dans un moment, en voyant la salle entière transportée d'enthousiasme, et les bouquets inondant la scène :

— Ma foi, dit-il au député, je ne puis que vous souhaiter sur un autre théâtre un succès approchant celui-ci ; puis, par un entraînement assez imprudent, il ajouta : mais la politique n'a pas de pareils triomphes : l'art seul est grand.

— Et la Luigia est son prophète ! répondit Sallenauve, en essayant de sourire au milieu des larmes que l'admiration lui avait arrachées.

CHAPITRE CINQUIÈME

V

L'entrevue.

Au sortir de la représentation, Bricheteau regarda sa montre; il était dix heures trois quarts, et, en faisant grande diligence, il y avait encore moyen pour les voyageurs de s'embarquer sur le steamer qui se mettait en route à onze heures ; mais, dans le moment où l'organiste se retournait pour faire part de cette observation à Sallenauve, qu'il précédait dans la foule, il ne vit plus son homme ; le député s'était évanoui.

Un quart d'heure plus tard, la femme de chambre de la Luigia entrait dans la loge où sa maîtresse était occupée à recevoir les hommages des plus grands noms de l'Angleterre qui lui étaient présentés par sir Francis Drake ; cette fille remit une carte à la signora.

En lisant le nom, l'Italienne, changeant de visage, dit quelques mots à l'o-

reille de sa camériste. Ensuite elle se
montra si pressée d'en finir avec ce
grand concours qui se faisait autour de
son succès, que plusieurs de ses adora-
teurs en herbe ne laissèrent pas de s'en
montrer étonnés. Mais une artiste à la
mode a de grands priviléges, et dans la
fatigue d'un rôle où la *diva* avait tant
mis de son âme, apparaissait pour sa
maussaderie une si bonne excuse, que
sa cour se dispersa sans trop de murmures; son procédé, qui fut pris pour un
caprice, lui devint même auprès de cer-
taines velléités prêtes à s'épanouir un
très piquant moyen de recommandation.

Restée seule, la signora reprit rapidement ses habits de ville; la voiture du directeur, en quelques minutes, la conduisit à l'hôtel où elle était descendue en arrivant à Londres; et, un instant après, entrant dans son salon, elle y trouvait Sallenauve qui l'y avait précédée.

— Vous ici, monsieur, lui dit-elle, c'est un rêve.

— Pour moi surtout, répondit Sallenauve, qui vous trouve à Londres, quand je vous ai tant fait chercher inutilement à Paris.

— Vous avez pris ce souci, et dans quel intérêt?

— Vous nous aviez quittés d'une façon si étrange; votre tête est si vive; vous connaissiez si peu Paris, et tant de dangers pouvaient se trouver sous les pas de votre inexpérience, que tout me paraissait à craindre.

— Quand mal me serait arrivé, je n'étais ni votre femme, ni votre sœur, ni votre maîtresse; je n'étais que votre....

— J'avais cru, interrompit vivement Sallenauve, que vous étiez mon amie.

— J'étais votre... obligée, dit la Luigia ; je m'étais aperçue que je devenais un embarras dans votre situation nouvelle. Avais-je alors autre chose à faire que de vous délivrer de moi?

— Qui donc vous avait donné cette odieuse certitude? avais-je dit, témoigné, en ce sens, quelque chose? ne pouvait-on parler avec vous d'une manière d'arranger votre vie sans blesser à ce point votre susceptibilité?

— On sent comme l'on sent, répondit l'Italienne ; j'avais, moi, la conscience que vous me souhaitiez autant ailleurs que dans votre maison. Mon avenir, vous m'aviez mise en mesure de n'en pas être inquiète ; vous voyez, en effet, qu'il ne se dessine pas trop effrayant.

— Il me paraît si brillant au contraire que, sans la peur de vous paraître indiscret, j'oserais vous demander de quelle main plus heureuse que la mienne, vous avez reçu une si prompte et si efficace assistance?

— Un grand seigneur suédois, répondit la Luigia sans marchander, qui dépense une partie de son immense fortune à encourager les arts, m'a procuré un engagement au théâtre de la Reine ;

la bienveillante indulgence du public a fait le reste.

— Vous voulez dire votre talent? j'assistais à la représentation de ce soir.

Faisant alors une coquette révérence :

— Avez-vous été un peu satisfait, demanda la Luigia, de votre humble servante?

— Votre supériorité musicale ne m'a point étonné; je la savais déjà, et elle m'avait été cautionnée par un juge infaillible; mais vos élans de passion dramatique, votre jeu si puissant et si sûr de lui même, j'en suis resté émerveillé.

— C'est que j'ai beaucoup souffert, répondit l'Italienne; le malheur est un bien grand maître.

— Souffert? répéta Sallenauve, en Italie sans doute? Mais j'aime à me persuader que depuis votre arrivée en France?

— Toujours, reprit la Luigia d'une voix émue; je ne suis pas née sous une étoile heureuse.

— Ce *toujours* a l'air pour moi d'un

reproche; je suis bien tardivement averti des torts que je puis avoir eus envers vous.

— Vous n'avez eu vis-à-vis de moi aucune espèce de torts; le mal était là, dit l'Italienne en se frappant la poitrine, il venait de moi seule.

— Probablement quelque folle visée comme celle que vous vous étiez faite en supposant que vous étiez engagée d'honneur à quitter ma maison?

— Oh! que je ne rêvais pas, dit l'Italienne, et que je savais bien ce qui était au fond de votre pensée. Ne fût-ce qu'à cause de ce que vous aviez fait pour moi, je devais prétendre à votre estime, et il m'était à tout jamais défendu d'y aspirer.

— Mais, chère Luigia, voilà ce que j'appelle des idées sans nom. Ai-je jamais manqué pour vous de considérations, d'égards? Votre conduite, d'ailleurs, n'était-elle pas exemplaire?

— Oui, je tâchais de ne rien faire qui pût vous donner à mal penser de moi. Mais en étais-je moins la veuve de Benedetto?

— Quoi! vous vous figurez que ce malheur, suite d'une trop juste vengeance?...

— Ah! ce n'est pas la mort de cet homme qui pouvait me descendre à vos yeux : au contraire, mais j'avais été la femme du bouffon, de l'espion de police, de l'indigne, toujours prêt à me vendre à qui eût voulu m'acheter.

— Tant que cette situation a duré, je vous eusse trouvée à plaindre; mais, méprisable, non.

— Enfin, dit vivement l'Italienne, depuis près de deux ans nous vivions seuls, sous le même toit.

— Sans doute, et je m'en étais fait une douce habitude.

— Me trouviez-vous laide?

— Vous savez bien que non, quand j'ai fait d'après vous ma plus belle statue.

— Sotte?

— On ne peut être sotte quand on met tant d'esprit dans ses rôles.

— Vous voyez bien alors que vous me méprisiez !

Sallenauve parut tout étonné de la vivacité de cette déduction, et il se crut très habile en répondant :

— Il me semble qu'en me conduisant d'autre façon, j'eusse été bien plus près de vous témoigner du mépris.

Mais il avait affaire à une femme qui, en toute chose, dans ses amitiés, dans ses haines, dans ses actions comme dans ses paroles, allait toujours droit au but. Comme si elle eût craint de n'avoir pas été comprise :

— Aujourd'hui, monsieur, reprit-elle, je puis tout vous dire, car je vous parle du passé et, maintenant, l'avenir ne m'appartient plus. Du jour où vous fûtes bon pour moi et où, par votre généreuse protection, j'échappai à un infâme outrage, tout mon cœur fut à vous.

Sallenauve, qui jamais ne s'était douté de l'existence de ce sentiment et qui surtout ne pouvait comprendre que l'aveu lui en fût fait avec cette crudité naïve, ne sut plus que répondre.

— Je savais bien, continua cette étrange femme, que j'aurais beaucoup à faire pour me remonter de la bassesse où, dans notre première rencontre, je vous étais apparue. Si même du moment où vous eûtes consenti à me prendre avec vous, je vous avais vu tourner avec moi à la galanterie et laisser percer quelque intention de profiter de la situation dangereuse où moi-même je m'étais placée, mon cœur se fût aussitôt retiré, vous ne m'eussiez plus paru qu'un homme ordinaire, et pour me réhabiliter de Benedetto, ce n'était pas assez.

— Ainsi, remarqua Sallenauve, vous aimer, c'eût été vous faire insulte, ne vous aimer point, c'était être cruel; quelle femme êtes-vous donc, et le moyen de ne pas vous froisser?

— Il ne fallait pas m'aimer, répondit la cantatrice, quand vous ne me connaissiez pas et quand j'avais à peine essoré ma boue, parce qu'alors votre amour eût été un amour des yeux et de la tête auquel il n'est jamais prudent de se fier. Mais lorsqu'après deux ans passés à vos côtés, vous aviez pu voir à ma conduite si j'étais une femme estimable; lorsque, sans jamais accepter un plaisir, tout entière aux soins de votre maison, sans autre délassement que celui de l'étude, qui devait m'élever à la condition d'artiste comme vous, rien que pour le bonheur de vous voir faire un chef-d'œuvre, j'avais été jusqu'à vous sacrifier cette pudeur de femme qu'à une autre époque vous m'aviez pourtant vue défendre avec énergie, alors vous fûtes cruel de ne pas me comprendre, et jamais, voyez-vous, votre imagination ne vous dira ce que j'ai souffert et toutes les larmes que vous m'avez fait verser.

— Mais, chère Luigia, j'étais votre hôte, et quand même j'eusse pu soupçonner quelque chose de ce que vous me révélez, mon devoir d'honnête homme me commandait de ne rien voir, de ne rien comprendre qu'à la dernière évidence.

— Est-ce que ma tristesse perpétuelle n'était pas une avance? Est-ce que si mon cœur eût été libre, vous ne m'eussiez pas vue moins réservée, plus familière? Mais c'est tout simple, vous ne pouviez rien remarquer; votre fantaisie pensait ailleurs.

— Eh bien! si cela était?

— Cela n'aurait pas dû être, répondit l'Italienne avec animation. Cette femme n'était pas libre : elle avait un mari, des enfants, et vous avez eu beau en faire une sainte, quand je n'aurais eu sur elle que l'avantage de la jeunesse, quoique cela soit bien ridicule à dire, il me semble qu'elle ne me valait pas!

Sallenauve ne put s'empêcher de sourire ; mais, reprenant sérieusement :

— Vous vous êtes, dit-il, tout à fait méprise sur votre rivale : madame de l'Estorade ne fut jamais pour moi qu'un modèle et un modèle sans autre valeur que sa ressemblance avec une autre femme. Celle-ci, je l'avais connue, avant vous, à Rome ; elle avait la beauté, la jeunesse, de magnifiques dispositions pour les arts, et, aujourd'hui confinée dans un couvent, comme vous elle a payé son tribut au malheur ; ainsi vous le voyez, toutes vos perfections!.....

— Comment, de trois histoires de

cœur, dit la Luigia, pas une qui ait pu avoir un dénoûment! Votre étoile est vraiment étrange! Sans doute, lorsque j'étais si peu comprise, je ne faisais que subir sa bizarre influence, et alors, il faudrait vous pardonner?

— Puisque vous me recevez à merci, permettez-moi de revenir sur ma curiosité : tout à l'heure vous me disiez que l'avenir ne vous appartenait plus; à la prodigieuse franchise de vos aveux, j'ai dû comprendre qu'entre vous et moi, pour vous en donner le courage, avait dû s'élever une bien solide barrière; quelle est donc cette puissance par laquelle presque d'un seul élan vous avez été poussée si haut? Auriez-vous donc fait un pacte avec le démon?

— Peut-être, dit en riant l'Italienne.

— Ne riez pas, reprit Sallenauve, vous avez voulu seule affronter cet enfer de Paris; il ne m'étonnerait pas que vous eussiez fait dès le début une dangereuse rencontre. Je sais les immenses difficultés que souvent les plus grands talents ont eues à se produire. Ce grand seigneur étranger, qui si lestement vous a aplani toutes les voies, savez-vous quel il est?

— Je sais qu'il a exposé pour faciliter

mon engagement, une somme fabuleuse, que mes appointements sont de cinquante mille francs, et qu'il ne m'a pas même accompagnée à Londres.

— Ainsi, tout ce dévoûment sans conditions?

— Non pas vraiment; mon protecteur est à l'âge où l'on n'a plus d'amour, mais où l'on a beaucoup d'amour-propre. Son protectorat devra donc être hautement déclaré, et je me suis engagée à ne rien dire, à ne rien faire qui soit un démenti à son vaporeux bonheur; du reste, c'est à vous seul que j'ai cru devoir ce compte : je connais votre discrétion et vous demande avec instance le secret le plus absolu.

— Et rien dans la durée de cette situation ne vous paraît invraisemblable? Mais cet homme, que vous espérez toujours nourrir de fumée, où, comment l'avez-vous connu?

— Par une dame de charité qui me vint voir pendant votre absence. Elle avait remarqué ma voix à Saint-Sulpice, pendant les exercices du mois de Marie, et elle aurait voulu me débaucher pour chanter à Notre-Dame-de-Lorette, sa paroisse.

— Cette dame, vous l'appelez ?

— Madame de Saint-Estève.

Sans avoir percé toutes les profondeurs de Jacqueline Collin, Sallenauve connaissait madame Saint-Estève comme tripoteuse d'affaires et comme entremetteuse de mariages ; il en avait quelquefois entendu parler à Bixiou.

— Cette femme, dit-il, s'est fait à Paris une notoriété fâcheuse ; c'est une intrigante de la pire espèce.

— Je m'en doutais, dit la Luigia, mais que m'importe?

— Et si l'homme dont elle vous a procuré la connaissance...

— Était un intrigant, comme elle? c'est peu probable; cent mille écus qu'il a versés dans la caisse du directeur ont remis le théâtre à flot.

— Il peut être riche et en même temps avoir sur vous de mauvais desseins; il n'y a rien là qui s'exclue.

— On a sur moi des projets, répondit

la Luigia avec dignité, mais on ne les exécute pas : entre ces projets et moi, il y a moi.

— Mais votre considération ?

— Elle était perdue quand je sortis de chez vous. On disait partout que j'étais votre maîtresse; vous avez eu à vous expliquer de ce bruit dans un collége électoral ; vous l'avez contredit, mais croyez-vous l'avoir tué ?

— Et mon estime enfin, de laquelle vous vous préoccupiez ?

— Je n'en ai plus besoin; vous ne

m'avez pas aimée quand je le voulais ;
vous ne m'aimerez pas quand je ne le
veux plus.

— Qui sait? dit Sallenauve.

— Il y a deux raisons pour que cela
ne soit pas, répondit l'Italienne : d'abord
il est trop tard, et puis nous ne sommes
plus sur le même chemin.

— Qu'entendez-vous par là?

— Je suis artiste, vous avez cessé de
l'être ; je monte et vous descendez.

— Vous appelez descendre, s'élever peut-être aux premières dignités de l'État?

— Où que vous vous éleviez, répondit la Luigia en s'exaltant, vous serez au-dessous de votre passé et du grand avenir qui vous était réservé, et tenez, je crois que je vous ai menti : si vous étiez resté sculpteur, il me semble que j'aurais eu encore pour quelque temps la patience de vos froideurs et de vos dédains : j'aurais du moins voulu attendre jusqu'après un essai de ma vocation, dans l'espérance que cette auréole dont s'illumine la figure des femmes de théâtre, vous ferait peut-être, à la fin, apercevoir que j'étais là, à vos côtés. Du jour où vous avez apostasié, je n'ai plus voulu continuer mon humiliant sacrifice, il n'y avait plus d'avenir entre nous.

— Comment! dit Sallenauve, en tendant à la cantatrice une main qu'elle ne prit pas, nous ne resterons pas même amis?

— Un ami, vous en avez un, répondit l'Italienne. Non, tout est bien clos et arrêté. Nous entendrons parler l'un de l'autre, et de loin, en passant dans la vie, nous nous saluerons de la main, mais rien au-delà.

— Ainsi, dit mélancoliquement Sallenauve, voilà comment tout finit entre nous !

La Luigia le regarda un moment ; ses yeux brillèrent d'une larme.

—Ecoutez, lui dit-elle avec un accent vrai et résolu, voilà ce qui est possible. Je vous ai aimé, et après vous personne n'aura accès dans ce cœur que vous avez dédaigné. On vous dira que j'ai des amants : ce vieillard, que je vais avouer aujourd'hui, d'autres après lui, peut-être, auxquels vous ne croirez pas, si vous vous rappelez la femme que je suis. Qui sait? Votre vie, plus tard, venant à être déblayée des autres sentiments qui m'ont fait obstacle, la liberté, l'étrangeté de l'aveu que vous venez d'entendre marqueront peut-être dans votre mémoire, et alors il ne serait pas tout à fait incroyable qu'après ce long détour, vous finissiez par me désirer. Si cela arrivait et qu'à la suite de tristes déceptions, vous fussiez, par vos remords, ramené à la religion de l'art, eh bien! en ce temps-là, à supposer que les années n'aient pas fait pour nous de l'amour une aspiration trop ridicule, souvenez-vous de cette soirée. Maintenant, séparons-nous, car il se fait tard pour un tête-à-tête, et c'est surtout les apparences de fidélité que je suis engagée à garder à mon vieux protecteur étranger.

Cela dit, elle prit un flambeau, et, passant dans une pièce voisine, elle laissa le député dans la situation d'esprit que l'on peut se figurer à la suite des surprises de toute sorte dont il avait été salué dans cette entrevue.

En passant à l'hôtel où il était descendu en arrivant d'Hanwell, il trouva Bricheteau l'attendant à la porte.

— Mais d'où diable venez-vous, lui cria l'organiste, éperdu d'impatience, nous pouvions encore partir par le paquebot de ce soir.

— Eh bien ! dit Sallenauve avec insouciance, j'aurai quelques heures de plus à faire l'école buissonnière.

— Mais pendant ce temps vos adversaires poussent leur mine.

— Que m'importe? dans cette caverne qu'on appelle la vie politique ne faut-il pas être prêt à tout?

— Je m'en doutais, dit alors Bricheteau : vous venez de voir la Luigia; son succès vous a porté à la tête, et sous le député, reparaît l'homme aux statues.

— Vous-même, tout à l'heure, ne le disiez-vous pas ? L'art seul est grand !

—Mais l'orateur, répondit Bricheteau, est aussi un artiste et le plus grand de tous ; car les autres parlent à l'esprit et au cœur, et lui seul à la conscience et à la volonté. Du reste, il ne s'agit pas maintenant de regarder en arrière ; un duel est engagé entre vous et vos adversaires. Etes-vous un honnête homme ou un drôle parvenu à voler un nom ? Voilà là question posée et qui, peut-être en votre absence, se vide au grand jour de la tribune.

— J'ai bien peur que vous ne m'ayez

fait faire fausse route ; j'avais aux mains un trésor que j'ai jeté à mes pieds.

— Heureusement, dit l'organiste, c'est là une fumée que la nuit dissipera. Demain, vous vous souviendrez des engaments pris avec votre père, et du grand avenir qui vous est promis.

CHAPITRE SIXIÈME

VI.

La Chambre.

La séance royale avait eu lieu, Sallenauve ne s'y était pas montré, et son absence n'avait pas laissé de faire dans le parti démocratique une certaine sensation. Au *National* surtout, on s'en était ému. Il aurait paru naturel qu'actionnaire du journal, venant souvent dans ses bureaux avant l'élection, et ayant même consenti à y donner quelques articles, au moment de l'ouverture de la session il vînt y prendre langue.

« Maintenant qu'il est nommé, se disaient quelques-uns des rédacteurs en remarquant la complète disparition du nouveau député, est-ce que ce monsieur aurait des idées de faire avec nous le faquin ? C'est assez l'usage parmi nos seigneurs les parlementaires, de nous faire très obséquieusement la cour tant qu'ils sont à l'état de candidats, et de nous laisser là ensuite comme leurs vieux paletots après qu'ils sont montés à l'arbre. Mais il ne faut pas qu'il s'y joue, ce *gentilhomme*, et nous avons plus d'une façon de *repincer* les gens. »

Moins prompt à s'émouvoir, le rédacteur en chef avait calmé ce premier bouillonnement ; mais le défaut fait par Sallenauve à la séance royale lui avait néanmoins paru singulier.

Le lendemain, lors de la constitution des bureaux, quand il s'était agi de nommer les présidents et secrétaires, opération qui a son importance, parce qu'elle fait préjuger la majorité, l'absence de Sallenauve avait eu une portée positive.

Dans le bureau auquel la voie du sort l'avait attaché, l'élection du président ne s'était faite dans le sens ministériel qu'à une voix de majorité ; la présence du député d'Arcis aurait donc assuré la nomination du candidat de l'opposition.

De là un mécontentement marqué dans les journaux du parti, qui, en expliquant leur défaite par cet imprévu, ne se défendaient pas d'un étonnement un peu aigre. Ils ne qualifiaient pas encore la conduite du défaillant, mais ils déclaraient ne savoir comment s'en rendre compte.

De son côté, Maxime avait l'œil au guet,

et il n'attendait que la constitution définitive du bureau de la Chambre pour déposer au nom de la paysanne de Romilly, la demande en autorisation de poursuites. Ce factum avait été rédigé par Massol, et sous sa plume habile les faits qu'il était chargé d'exposer avaient acquis ce degré de vraisemblance que les avocats, même le plus à côté de la vérité, savent communiquer à leurs dires et affirmations.

Mais quand Maxime vit l'absence de Sallenauve se prolonger et commencer à faire scandale, il alla de nouveau trouver Rastignac, et, se donnant les gants de l'habile procédé d'agression trouvé par Desroches, il demanda au ministre s'il ne lui semblait pas que, pour lui, le moment fût venu de se relever de cette passive attitude d'observation dans laquelle, jusque-là, il avait cru devoir se retrancher.

Cette fois Rastignac fut beaucoup plus explicite : Sallenauve passé à l'étranger lui parut un homme auquel un trouble de conscience avait fait perdre la tête. Il engagea donc M. de Trailles à lancer le jour même la pièce introductive du procès et ne fit plus difficulté de promettre son concours pour le succès d'une combinaison arrivée à prendre couleur, et dont un joli résultat de scandale pouvait être raisonnablement espéré.

Pas plus tard que le lendemain, apparut la trace de son intervention souterraine. L'ordre du jour à la séance de la Chambre était la vérification des pouvoirs. Le député chargé de faire le rapport sur les élections de l'Aube se trouva être un des fidèles du ministère, et, sur la consigne confidentielle qui lui fut donnée, voici la manière dont il prit la question.

« Les opérations du collége d'Arcis étaient régulières, M. de Sallenauve avait fait parvenir en temps utile à la questure toutes les pièces nécessaires à la constatation de son éligibilité, son admission semblait donc ne devoir faire aucune espèce de difficultés.

» Mais des bruits d'une nature étrange auraient, dès l'époque de l'élection, couru sur l'identité du nouveau député; et, à l'appui de ces rumeurs, était survenue une demande en autorisation de poursuites criminelles. Cette demande énonçait un fait extrêmement grave : M. de Sallenauve aurait usurpé le nom qu'il portait, et cette usurpation, pratiquée dans un acte authentique, se présentait avec le caractère d'un faux commis par substitution de personne.

» Quelque chose de plus regrettable, ajoutait le rapporteur, c'était l'absence de M. de Sallenauve qui, au lieu de se mettre en travers de l'incroyable accusation portée contre lui, se tenait, depuis l'ouverture de la session, éloigné des séances de la Chambre, sans que personne l'eût encore aperçu. Dans ces circonstances, son admission pouvait-elle être convenablement prononcée? La commission ne l'avait pas pensé et elle croyait devoir proposer l'ajournement. »

Daniel d'Arthez, député de l'opposition légitimiste, que nous avons vu, à Arcis, très favorable à l'élection de Sallenauve, s'empressa de demander la parole sur ces conclusions, et pria la Chambre de remarquer tout ce que leur adoption aurait d'exorbitant.

« Ce qui était en cause, c'était la régularité de l'élection. Aucune irrégularité n'était signalée ; la Chambre n'avait donc qu'une chose à faire : passer immédiatement au vote, et reconnaître pour bonne et valable l'élection dont aucun fait ne venait infirmer la validité.

» Impliquer dans la question la demande en autorisation de poursuites, serait commettre un véritable abus de pouvoir, puisque sans discussion préalable et en dispensant la dénonciation déposée de toutes les formalités par lesquelles elle devait passer avant d'être accueillie ou rejetée, on prêterait à cette dénonciation une virtualité singulière, celle de suspendre le mandat que les électeurs avaient décerné dans l'exercice de leur souveraineté. Qui ne comprend d'ailleurs, ajoutait l'orateur, que donner à la demande en autorisation de poursuites un effet actuel, quel qu'il fût, c'est en préjuger la valeur et le mérite, lorsque la présomption d'innocence acquise à tout accusé devait l'être, à bien plus fortes raison à un homme dont la probité n'avait jamais fait un doute, et qui venait d'être honoré librement du suffrage de ses concitoyens. »

La discussion se prolongea quelque temps sur ce thème, dont les orateurs ministériels prirent naturellement le contre-pied, puis survint une complication.

Le président d'âge, car la Chambre ne se trouvait pas encore constituée, était un vieillard usé, qui, au milieu des difficiles fonctions dont son acte de naissance l'avait tout à coup revêtu, ne gardait pas toujours l'esprit très présent. Dès la veille, la demande du congé, transmis par Sallenauve, lui était parvenue, et si, au commencement de la séance, il eût songé, comme c'était son devoir, à la communiquer à la Chambre, probablement il eût tué la discussion dans son germe.

Mais il n'y a qu'heur et malheur dans les choses parlementaires, et quand, par la teneur de la lettre, tardivement portée à sa connaissance, la Chambre apprit que Sallenauve était à l'étranger, et qu'à l'appui du congé sollicité par lui sans terme fixe, il n'exprimait que le motif vague *d'affaires urgentes,* l'effet produit fut détestable.

— C'est clair, se dirent, comme Rastignac, tous les amis du ministère, il est passé en Angleterre où toutes les déconfitures vont chercher asile; il a peur du procès, il se sent démasqué.

Ce point de vue en dehors de toute passion politique, fut partagé par quelques esprits sévères qui n'admettaient pas qu'on ne fût pas là pour se défendre en présence d'une si flétrissante accusation.

Bref, sur une argumentation très vive et très habile du procureur-général Vinet, qui avait pris du cœur en voyant l'accusé absent, l'ajournement, mis aux voix, fut voté, quoiqu'à une très faible majorité ; un congé de huit jours était en même temps accordé au député absent.

Le lendemain de ce vote, Maxime écrivait à madame Beauvisage :

« Madame,

» L'ennemi a subi hier un terrible

échec, et l'opinion de mon ami Rastignac, juge très intelligent et très expérimenté de l'impression parlementaire, est que *le* Dorlange, quoi qu'il arrive, ne se relèvera plus du coup qui vient de lui être porté.

» Si nous ne parvenons pas à nous procurer quelque preuve positive à l'appui de la dénonciation de notre bonne campagnarde, il est possible qu'en payant d'audace, ce drôle, à supposer toutefois qu'il ose reparaître en France, finisse par être admis par la Chambre ; mais, après y avoir traîné pendant quelque temps une existence effacée et misérable, il doit inévitablement être acculé à une démission ; alors la nomination de

M. Beauvisage ne fait pas un doute, car les électeurs, honteux de s'être laissé jouer par cet intrigant, seront trop heureux de se réhabiliter par un choix honorable, et qui, d'ailleurs, était primitivement dans leur instinct.

» C'est à votre rare sagacité, madame, que sera dû ce résultat, car, sans cette espèce de seconde vue qui vous a d'abord fait deviner les trésors enfouis dans la révélation de cette paysanne, nous passions à côté de cet admirable instrument. Je dois vous dire, madame, dussiez-vous en prendre quelqu'orgueil, que ni Rastignac, ni le procureur-général Vinet, malgré leur haute intelligence politique, n'avaient compris la valeur de votre découverte, et moi-même si, par le bonheur que j'ai eu de vous connaître, je n'avais été mis en mesure de préjuger le mérite de toute idée émanant de vous, j'aurais probablement partagé la froideur primitive de ces deux hommes d'État à l'endroit de l'excellente arme que vous offriez de mettre dans notre main.

» Mais le cadeau venant de vous, j'en ai tout aussitôt compris l'importance, et en indiquant à Rastignac un moyen de le mettre en œuvre, je suis parvenu à faire de mon ami le ministre un ardent complice de notre conspiration en même temps qu'un sincère admirateur de la finesse et de la perspicacité dont vous aviez fait preuve dans la circonstance.

» Si donc, madame, j'ai jamais le bonheur de vous appartenir par le lien dont il a été question entre nous, je n'aurai pas à vous initier à la vie politique dont vous avez si bien su toute seule trouver le chemin.

» Nous ne saurions rien avoir de nouveau d'ici à une huitaine, qui est la durée du congé accordé. Si au-delà de ce délai le défaillant ne s'était pas représenté, je ne doute pas que l'annulation de l'élection ne fût prononcée, car le vote d'hier, dont vous aurez connaissance par les journaux, est pour lui une véritable mise en demeure de se rendre à son poste. Vous pensez bien que d'ici à son retour, si tant est qu'il ait lieu, je n'aurai pas manqué de donner mes soins à ce que la mauvaise disposition de la Chambre soit convenablement entretenue et par la presse et par les conversations particulières ; Rastignac a également donné des instructions dans ce sens, et il est à croire que notre adversaire trouvera l'opinion publique assez mal prévenue en sa faveur.

» Voulez-vous me permettre, madame, de me rappeler au souvenir de mademoiselle Cécile, et agréer ainsi que M. Beauvisage, l'assurance de mes sentiments les plus respectueux. »

Un mot d'ordre donné à la presse ministérielle commença, en effet, à créer autour du nom de Sallenauve une atmosphère de déconsidération et de ridicule, et les insinuations les plus injurieuses prêtèrent à son absence la couleur d'une désertion devant l'ennemi.

L'effet de ces attaques multipliées devenait d'autant plus inévitable, que Sallenauve était plus mollement défendu par ses coreligionnaires politiques, et il n'y avait pas trop à s'étonner de cette tiédeur. Ne sachant qu'elle explication donner à son procédé, les feuilles de l'opposition, tout en se sentant le devoir de le soutenir, craignaient de trop s'engager au profit d'un homme dont l'avenir devenait chaque jour plus nébuleux; d'un moment à l'autre, ne pouvait-il pas donner un démenti au certificat de moralité qu'on aurait pris sur soi de lui délivrer?

La veille du jour où expirait le congé, Sallenauve étant toujours absent, un petit journal ministériel publia, sous le titre de : *Un Député perdu*, un article très spirituellement insolent, et qui eut un retentissement considérable.

Dans la soirée, madame de l'Estorade

vint chez madame Octave de Camps qu'elle trouva seule avec son mari. Elle était vivement émue et dit en entrant à son amie :

— Vous avez lu cet infâme article?

— Non, répondit madame Octave, mais M. de Camps me l'a raconté, et il est vraiment honteux que le ministère commande ou au moins encourage de pareilles vilenies.

— J'en suis à moitié folle, continua madame de l'Estorade, car tout cela retombe sur nous.

— C'est pousser bien loin le scrupule de conscience, dit madame de Camps.

— Mais non, repartit le maître de forges; je suis de l'avis de madame, tout le venin de cette affaire pouvait disparaître devant une démarche de l'Estorade, et, en se refusant à la faire, s'il ne devient pas l'auteur, il est à tout le moins le complice du scandale.

— Madame vous a donc dit?... demanda la comtesse d'un air de reproche.

— Mais ma chère, répondit madame Octave, quoique nous ayons nos petits secrets de femmes, je ne pouvais me dispenser d'expliquer à mon mari le point de départ de l'espèce de folie qui avait pris à M. de l'Estorade; c'eût été montrer à un autre moi-même une défiance dont il eût été blessé, et les explications que j'ai dû lui donner ne me posent, je pense, en dépositaire infidèle d'aucun secret qui vous intéresse personnellement.

— Ah! vous êtes un ménage uni, vous, dit madame de l'Estorade, avec un soupir; du reste, je ne me plains pas que M. de Camps ait été mis dans la confidence; quand il s'agit de trouver l'issue de la cruelle situation contre laquelle je me débats, deux avis valent mieux qu'un.

— Mais qu'est-il donc arrivé? demanda madame Octave de Camps.

— Mon mari perd la tête, répondit la comtesse, et je ne trouve plus en lui la moindre trace de sens moral ; loin de comprendre, comme le disait tout à l'heure M. de Camps, qu'il est le complice de la mauvaise guerre qui se fait en ce moment, et qu'il n'a pas, comme ceux qui l'ont soulevée, l'excuse de l'ignorance, il semble s'y complaire ; tantôt il m'a apporté triomphalement l'ignoble journal, et je l'ai trouvé tout près de prendre mal que je ne le jugeasse pas, comme lui, infiniment plaisant et infiniment spirituel.

— Cette lettre, dit madame Octave de Camps, lui a porté un coup terrible : dans le fait, elle le touchait au corps et à l'âme.

— J'admets cela, s'écria le maître de forges ; mais, que diable ! on est homme, et on prend les paroles d'un fou pour ce qu'elles valent.

— C'est bien singulier cependant, dit madame Octave, que M. de Sallenauve ne revienne pas ; car enfin, ce Jacques Bricheteau auquel vous avez donné son adresse, a dû lui écrire.

— Que voulez-vous ! répondit la comtesse, il y a une fatalité dans toute cette affaire; c'est demain que doit se discuter à la Chambre la question de savoir si l'élection de M. de Sallenauve sera ou non confirmée, et, dans le cas où il ne serait pas de retour, le ministère se flatte de l'espérance de faire prononcer l'annulation.

— Mais c'est une infamie, dit M. Octave de Camps, et il ne tient à rien que tout mal posé que je puisse être pour faire cette démarche, je n'aille dire au président de la Chambre les choses comme elles sont.

— Je vous en eusse prié, je crois, au

risque de voir mon mari soupçonner mon intervention, si nous n'étions retenus par une considération : celle de désespérer M. de Sallenauve, en rendant public le malheur arrivé à son ami.

— C'est évident, dit madame Octave, le défendre de cette manière serait aller contre ses intentions, d'autant mieux qu'à toute force il peut arriver à temps et que d'ailleurs la décision de la Chambre reste problématique, tandis que la folie de M. Marie-Gaston, une fois ébruitée, il ne se relèvera jamais de ce coup.

— Du reste, dit madame de l'Estorade, tout l'odieux que mon mari a jusqu'ici assumé sur lui dans cette horrible affaire, disparaît devant une imagination vraiment satanique dont il m'a fait part tout à l'heure, avant dîner.

— Qu'est-ce donc ? demanda vivement madame de Camps.

— Sa prétention est que demain j'aille avec lui, dans la tribune réservée aux pairs de France, assister à la discussion qui doit avoir lieu.

— Mais vraiment sa tête déménage, dit M. de Camps, c'est tout à fait le procédé de Diafoirus fils, offrant à sa prétendue de lui procurer le délassement d'une dissection.

Madame de Camps fit à son mari un signe qui voulait dire : « Ne jetez pas d'huile sur le feu. » Et elle se contenta de demander à la comtesse si elle n'avait pas pu faire comprendre à M. de l'Estorade toute l'*inconvenance* de cette démarche.

— A la première objection que je lui ai faite dans ce sens, répondit madame de l'Estorade, il s'est emporté, me disant qu'apparemment j'étais bien aise d'éterniser la créance de notre liaison avec *cet homme*, puisqu'une occasion toute naturelle se présentant de déclarer publiquement notre rupture, je m'empressais de la décliner.

— Eh bien ! ma chère, il faut y aller, dit madame Octave ; la paix de votre ménage avant tout. D'ailleurs, à tout prendre, votre présence à cette discussion peut aussi passer pour une preuve de bienveillant intérêt.

— Pendant quinze ans, remarqua le maître de forges, vous avez régné et gouverné dans votre ménage, mais voilà une révolution qui déplace cruellement le pouvoir.

— Ah! monsieur, je vous prie de

croire que de cette souveraineté, que d'ailleurs j'ai toujours cherché à dissimuler, je n'avais jamais fait un pareil usage.

— Est-ce que je ne le sais pas? répondit M. Octave de Camps, en prenant affectueusement les mains de madame de l'Estorade dans les siennes, je suis néanmoins de l'avis de ma femme; il faut boire ce calice.

— Mais en entendant toutes les infamies que vont débiter ces ministériels, je mourrai de honte; il me semblera qu'on égorge à deux pas de moi un homme que je n'ai que le bras à étendre pour le sauver et que je n'en fais rien.

— C'est bien cela, dit le maître de forges, et il faut aujouter que cet homme vous a rendu un insigne service; mais aimez-vous mieux installer l'enfer chez vous et exaspérer la disposition maladive de votre mari?

— Ecoutez, chère bonne, fit madame Octave de Camps, dites à M. de l'Estorade que je veux aller aussi à cette séance; que d'y être avec une désintéressée et une simple curieuse fera moins causer, et sur ce chapitre ne cédez pas; au moins je serai là pour vous tenir la tête et pour vous garder de vous-même.

— Je n'eusse pas osé vous le demander, répondit madame de l'Estorade, car on n'invite pas les gens à une mauvaise action ; mais puisque vous avez la bonté de me l'offrir, je me trouve une fois moins malheureuse. Maintenant adieu, car je ne voudrais pas que mon mari me trouvât dehors quand il rentrera : il a dîné ce soir chez M. de Rastignac, où sans doute il aura bien comploté pour la journée de demain.

— Eh bien ! partez ; et, dans une heure, je vous écrirai un mot comme si je ne vous avais pas vue, vous demandant si vous n'avez pas un moyen de me faire assister à la séance de demain, qu'on dit devoir être intéressante.

— En être réduite à toute cette conspiraillerie! dit madame de l'Estorade en embrassant son amie.

— Ma chère belle, répondit madame de Camps, on a dit que la vie du chrétien était un combat, mais celle de la femme mariée d'une certaine façon est une vraie bataille rangée. Prenez patience et courage.

Cela dit, les deux amies se séparèrent.

Le lendemain, vers deux heures, madame de l'Estorade, accompagnée de son mari et de madame Octave de Camps, venait prendre place dans la tribune réservée aux membres de la pairie ; elle paraissait souffrante et ne répondit qu'avec tiédeur aux saluts qui lui furent adressés de divers points de la salle.

Madame de Camps qui, pour la première fois, avait accès dans l'enceinte parlementaire, fit deux remarques : elle se récria sur le négligé du costume d'un assez grand nombre des *honorables*, et fut frappée du nombre de calvities qui, du haut de la tribune d'où elle planait sur l'assemblée, vint étonner ses yeux.

Elle se laissa ensuite désigner par M. de l'Estorade les notabilités de l'endroit : d'abord tous les grands hommes que nous nous dispensons de mentionner parce que leurs noms sont dans toutes les mémoires ; puis, le poète Canalis, auquel elle trouva un air bien olympien ; d'Arthez, qui lui plut par sa tournure modeste ; Vinet, dont elle dit qu'il avait l'air d'une vipère portant des lunettes ; Victorin Hulot, l'un des orateurs du centre gauche. Elle fut quelque temps avant de pouvoir se faire au bruit des conversations particulières qu'elle put assez convenablement comparer au bruit d'un essaim d'abeilles bourdonnant autour de sa ruche ; mais ce dont elle ne revenait pas surtout, c'était l'aspect général de la réunion où un laissé-aller singulier et une absence complète de dignité n'eût jamais permis de soupçonner la représentation d'un grand peuple.

Il était écrit que, dans cette journée, aucun désagrément ne serait épargné à madame de l'Estorade. Au moment où la séance allait commencer, la marquise d'Espard, conduite par M. de Ronquerolles, entra dans la tribune et vint prendre place à côté d'elle.

Quoique se voyant dans le monde, et allant l'une et l'autre, ces deux femmes ne pouvaient se souffrir. Madame de l'Estorade méprisait l'esprit d'intrigue, le défaut absolu de principes, et le caractère aigre et malveillant que la marquise recouvrait des dehors les plus élégants et la marquise avait dans un dédain encore plus profond ce qu'elle appelait les vertus *pot-au-feu* de madame de l'Estorade.

Il faut dire aussi que madame de l'Estorade avait trente-deux ans et une beauté que le temps avait épargné, tandis que madame d'Espard était une femme de quarante-quatre ans, et, malgré toutes les savantes dissimulations de la toilette, une beauté tout à fait à bout.

— Est-ce que vous venez quelquefois ici ? dit-elle à la comtesse, après les quelques phrases obligées sur le *bonheur* de leur rencontre.

— Jamais, répondit madame de l'Estorade.

— Moi, j'y suis très assidue, reprit madame d'Espard. Puis, ayant l'air de faire une découverte : — Ah! mais vous avez à cette séance, ajouta-t-elle, un intérêt tout particulier : on *juge*, je crois, quelqu'un de votre connaissance ?

— Oui, M. de Sallenauve a été reçu quelquefois chez moi.

— C'est bien fâcheux, dit la marquise,

de voir un homme qui, au dire de M. de Ronquerolles, avait du héros dans ses allures, tourner ainsi à la police correctionnelle.

— Son crime jusqu'ici, répondit séchement madame de l'Estorade, est surtout son absence.

— Il paraît, du reste, continua madame d'Espard, que c'est un homme dévoré d'ambition. Avant sa tentative parlementaire il avait fait, vous le savez sans doute, chez les Lanty une tentative matrimoniale qui a abouti, pour la belle héritière auprès de laquelle il s'était habilement insinué, à une réclusion dans un couvent.

Madame de l'Estorade ne s'étonna pas beaucoup de voir cette histoire que Sallenauve lui avait donnée pour très secrète, parvenue à la connaissance de madame d'Espard : la marquise était une des femmes les mieux informées de Paris; son salon disait mythologiquement un vieil académicien, était le *Palais de la Renommée.*

— Voilà, je crois, la séance qui commence, dit la comtesse, qui, s'attendant toujours à quelque coup de griffe de la marquise, n'était pas fâchée de rompre la conversation.

En effet, le président avait agité sa sonnette, les députés prenaient leurs places ; la toile allait se lever.

CHAPITRE SEPTIÈME

VII

Histoire ancienne.

Pour être historiens fidèles de la séance à laquelle nous devons faire assister nos lecteurs, nous trouvons à la fois plus sûr et plus commode d'en emprunter textuellement le compte-rendu à un journal de l'époque.

CHAMBRE DES DÉPUTÉS.

PRÉSIDENCE DE M. COINTET (vice-président.)

Séance du 28 mai.

A deux heures, M. le président monte au fauteuil.

M. le garde des sceaux, M. le ministre de l'intérieur, M. le ministre des travaux publics sont au banc des ministres.

Le procès-verbal de la dernière séance est adopté sans réclamation.

L'ordre du jour est la vérification des pouvoirs du député nommé par l'arrondissement d'Arcis-sur-Aube.

M. LE PRÉSIDENT. — La parole est à M. le rapporteur de la commission.

LE RAPPORTEUR. — Messieurs, la regrettable et singulière situation qu'a jugé convenable de se faire parmi vous M. de Sallenauve, n'a par reçu le dénoûment qui semblait devoir être espéré.

Le congé est expiré d'hier, et M. de Sallenauve continue à se tenir éloigné de vos séances sans qu'aucune lettre soit parvenue à M. le président pour solliciter un nouveau délai.

Cette indifférence pour des fonctions que M. de Sallenauve paraît avoir sollicitées avec une ardeur peu commune (légère agitation à gauche) serait dans tous les cas une faute grave; mais quand on la rapproche de l'accusation dont il est menacé, ne prend-elle pas un caractère tout à fait fâcheux pour sa considération? (Murmures à gauche. Approbation au centre.)

Forcée de chercher une solution à une difficulté qu'on peut dire sans précédents dans les annales parlementaires, votre commission dans l'adoption des mesures à prendre, s'est scindée en deux opinions bien tranchées.

La minorité que je représente seul, la

commission n'étant composée que de trois membres, a pensé qu'elle devait vous soumettre une proposition que j'appelerai radicale et qui aurait pour objet de trancher la difficulté en la soumettant à ses juges naturels. Annuler *hîc et nunc*, l'élection de M. de Sallenauve et le renvoyer devant les électeurs par lesquels il a été nommé et dont il est un si infidèle représentant, telle est l'une des solutions que j'ai l'honneur de vous soumettre. (Agitation à gauche.)

La majorité, au contraire, a été d'avis que le verdict des électeurs ne pouvait être trop respecté, et que les fautes d'un homme honoré de leur mandat ne devaient être aperçues que par delà les limites les plus extrêmes de la longanimité et de l'indulgence ; en conséquence, la commission me charge de vous proposer d'accorder, d'office, à M. de Sallenauve un nouveau congé de quinzaine (Murmures au centre. — A gauche : Très bien ! très bien !), restant bien convenu que si, à la suite de ce délai, M. de Sallenauve ne s'est pas présenté et n'a donné aucun signe d'existence, il sera purement et simplement réputé démissionnaire, sans que la Chambre soit entraînée, à son sujet, dans d'irritants et inutiles débats. (Mouvements en sens divers.)

M. le colonel Franchessini qui, pendant l'exposé de M. le rapporteur, avait eu, au banc des minstres, une conversation animée avec M. le ministre des travaux publics, demande vivement la parole.

M. LE PRÉSIDENT. — M. de Canalis l'a demandée.

M. DE CANALIS, —Messieurs, M. de Sallenauve est un de ces audacieux qui, comme moi, se sont persuadés que la politique n'était un fruit défendu pour aucune intelligence, et que, dans le poète, dans l'artiste, comme dans le magistrat, l'administrateur, l'avocat, le médecin et le propriétaire, pouvait se rencontrer l'étoffe d'un homme d'Etat. En vertu de cette communauté d'origine, M. de

Sallenauve a donc ma sympathie tout entière, et personne ne s'étonnera de me voir monter à cette tribune pour appuyer les conclusions de votre commission.

Seulement, je ne saurais m'y rallier jusque dans leurs conséquences finales, et l'idée de notre collègue déclaré, sans discussion, démissionnaire par le fait seul de son absence prolongée au-delà d'un délai de grâce, répugne à la fois à ma conscience et à ma raison.

On vous dit : l'indifférence de M. de Sallenauve pour ses fonctions est d'autant moins vénielle, qu'il se trouve placé sous le coup d'une accusation grave ; mais si cette accusation, messieurs, était justement la cause de son absence ? (Au centre : Ah ! ah ! On rit.)

M. DE CANALIS.—Permettez, messieurs ; je ne suis peut-être pas aussi naïf que messieurs les rieurs semblent le croire. J'ai ce bonheur, que, naturellement, l'ignoble ne me vient pas à l'esprit, et M. de Sallenauve avec l'eminente position qu'il avait dans les arts, s'arrangeant pour pénétrer ici par la porte d'un crime, n'est pas une supposition que j'admette *à priori*. Autour des naissances comme la mienne, ces deux araignées hideuses qu'on appelle la chicane et l'intrigue ont toute commodité pour tendre leurs toiles, et loin d'admettre qu'il ait pris la fuite devant l'accusation qui s'attaque à lui, je me demande si, en ce moment à l'étranger, il n'est pas occupé à rassembler les éléments de sa défense? (A gauche : Très bien! C'est cela. Rires ironiques au centre.) Dans cette supposition, à mon avis très probable, loin que l'on soit en droit de lui demander un compte rigoureux de son absence, ne faudrait-il pas y voir, au contraire, un procédé respectueux pour la Chambre, dont il ne s'est pas cru digne de partager les travaux, tant qu'il ne se sentirait pas en mesure de confondre ses dénonciateurs.

UNE VOIX. — Un congé d'une dizaine d'années, comme à Télémaque, pour chercher son père. (Rire général).

M. DE CANALIS. — Je ne m'attendais pas à trouver un interrupteur si poétique, et puisqu'on vient de remuer un souvenir de l'*Odyssée*, qu'on veuille bien se rappeler que, déguisé en mendiant après avoir été abreuvé d'outrages, Ulysse finit par tendre son arc et par mettre à mal messieurs les prétendants. (Violents murmures au centre.) Je vote pour le congé de quinzaine, et pour que la Chambre soit de nouveau consultée après ce délai.

Le colonel FRANCHESSINI. — Je ne sais si le préopinant a eu l'intention d'intimider la Chambre, mais pour mon compte ces sortes d'arguments ont sur moi peu de prise, et je suis toujours prêt à les renvoyer d'où ils viennent. (A gauche : Allons donc ! allons donc !)

M. LE PRÉSIDENT. — Colonel ! pas de provocations !

Le colonel FRANCHESSINI. — Je suis, du reste, de l'avis de l'orateur qui m'a précédé à cette tribune et ne crois pas que le délinquant ait fui devant l'accusation portée contre lui. Ni cette accusation, ni l'effet qu'elle peut produire sur vos esprits et ailleurs, ni même l'annulation de son élection ne sauraient, en ce moment le préoccuper. Ce que M. de Sallenauve fait en Angleterre, voulez-vous le savoir ? lisez les journaux anglais ; depuis quelques jours, il retentissent des éloges d'une prima dona qui vient de débuter au théâtre de la reine... (Violents murmures ; interruption.)

UNE VOIX. — De pareils comméra-

donner son nom à une fille compromise?

— Compromise sérieusement : non sans doute; mais s'il s'agissait seulement d'une légèreté dont le détail me serait confié de manière à me laisser juge de sa portée vraie!

— Ne faisons pas de rêves, dit Marianina; moi-même j'ai trop d'amour-propre pour être ainsi prise à dire d'expert. Ma vie, maintenant, est close et arrêtée : je ne sortirai plus de cette maison.

— Madame la supérieure ne croit pas, mademoiselle, que vous ayez la vocation de la vie religieuse.

— Je supplierai Dieu de me la donner; il voit dans le fond des cœurs, et ne me refusera pas cette consolation.

— Peut-être : si dans le vôtre il voit l'image restée ineffaçable d'un homme auquel vous conservez une fidélité entêtée et inutile.

La jeune fille parut se recueillir un moment.

— Écoutez, monsieur, dit-elle ensuite en se levant, je puis tout supporter, excepté un soupçon qui me descende à vos yeux. Sachez-le donc, je ne me réserve pour personne ; je ne subis la pression d'aucun souvenir ; mon inclination, si je la consultais seule, m'entraînerait à profiter des bienveillantes intentions de mon père ; mais, par une fatalité dont j'ose à peine espérer que le secret puisse vous être un jour révélé, un mariage, quel qu'il soit, n'en reste pas moins, pour moi, impossible, et c'est pour que la nécessité ne m'en soit pas imposée, que je suis décidée à m'ensevelir dans le suaire vivant de la religieuse. Tout incomplet et incompréhensible que soit cet aveu, je le confie expressément à votre honneur; ne le creusez pas. Surtout, je vous en conjure, n'en ouvrez jamais la bouche à personne, car vous pourriez devenir la cause des plus grands malheurs. Vous savez que sur notre famille a toujours plané une atmosphère de mystérieuse terreur. Partez de cette idée pour vous expliquer mon refus; maintenant, monsieur, adieu. Pour votre tranquillité, car il y a longtemps que je vous avais compris; pour la mienne, car ma tâche sera longue et rude, n'essayez jamais de me revoir; malgré la froide épaisseur de ces murs, j'aurai l'œil et l'oreille à vos succès, je demanderai tous les jours à Dieu de les mesurer à la hauteur de votre cœur et de votre intelligence.

Pendant qu'elle parlait, la voix de Marianina s'altérait, et deux grosses larmes finirent par descendre le long de ses joues.

— Mais, Marianina, si vous m'aimiez à ce point, s'écria Sallenauve, l'amour ne rend-il pas tout possible?

Un instant avait suffi à la jeune fille pour rasséréner son visage, après avoir passé son mouchoir sur ses yeux.

— Adieu, monsieur, répéta-t-elle en tendant à Sallenauve sa belle main et en serrant la sienne d'une vive étreinte.

la peine, comme cela est l'usage, de motiver sa demande ? Poi it; il annonce qu'il est forcé de s'absenter pour *affaires urgentes :* allégation commode avec laquelle l'Assemblée pourrait se dépeupler de la moitié de ses membres. Mais à supposer que les affaires de M. de Sallenauve fussent réellement urgentes, et qu'il les jugeât de nature à ne pouvoir être expliquées dans une lettre destinée à devenir publique, ne pouvait-il s'ouvrir confidentiellement à M. le président, ou même charger quelqu'un de ses amis assez bien posé pour être cru sur sa simple affirmation, de cautionner la nécessité de son absence sans même en déduire explicitement les motifs ?...

A ce moment, le discours de M. le ministre est interrompu par un mouvement qui se fait dans le couloir de droite; plusieurs de MM. les députés quittent leur place ; d'autres, debout à leur banc et le cou tendu, semblent regarder quelque chose. Le ministre, après s'être retourné vers M. le président, auquel il semble demander une explication, descend de la tribune et retourne à sa place où il est aussitôt entouré par un grand nombre de députés du centre, parmi lesquels, à la vivacité de sa pantomime, se fait remarquer M. le procureur-général Vinet. Des groupes se forment dans l'hémicycle ; la séance est, de fait, suspendue.

FIN DU DEUXIÈME VOLUME.

Fontainebleau. Imp. de E. Jacquin.

SUITE DES NOUVEAUTÉS EN LECTURE

DANS TOUS LES CABINETS LITTÉRAIRES

L'Usurier sentimental, par G. DE LA LANDELLE. 3 vol. in-8.
L'Amour à la Campagne, par MAXIMILIEN PERRIN. 3 vol. in-8.
La Mare d'Auteuil, par CH. PAUL DE KOCK. 10 vol. in-8.
Les Boucaniers, par PAUL DUPLESSIS. 3 vol. in-8.
La Place Royale, par madame la comtesse DASH. 3 vol. in-8.
La marquise de Norville, par ELIE BERTHET. 3 vol. in-8.
Mademoiselle Lucifer, par XAVIER DE MONTÉPIN. 3 vol. in-8.
Les Orphelins, par madame la comtesse DASH. 3 vol. in-8.
La Princesse Palliancl, par le baron de BAZANCOURT. 5 vol. in-8.
Les Folies de jeunesse, par MAXIMILIEN PERRIN. 3 vol. in-8.
Livia, par PAUL DE MUSSET. 3 vol. in-8.
Bébé, ou le Nain du roi de Pologne, par ROGER DE BEAUVOIR. 3 vol. in-8.
Blanche de Bourgogne, par Madame DUPIN, auteur de *Cynodie*, *Marguerite*, etc. 2 vol. in-8.
L'heure du Berger, par EMMANUEL GONZALÈS. 2 vol. in-8.
La Fille du Gondolier, par MAXIMILIEN PERRIN. 2 vol. in-8.
Minette, par HENRY DE KOCK. 3 vol. in-8.
Quatorze de dames, par Madame la comtesse DASH. 3 vol. in-8.
L'Auberge du Soleil d'or, par XAVIER DE MONTÉPIN. 4 vol. in-8.
Débora, par MÉRY. 3 vol. in-8.
Les Coureurs d'aventures, par G. DE LA LANDELLE. 3 vol. in-8.
Le Maître inconnu, par PAUL DE MUSSET. 3 vol. in-8.
L'Épée du Commandeur, par XAVIER DE MONTÉPIN. 3 vol. in-8.
La Nuit des Vengeurs, par le marquis de FOUDRAS. 5 vol. in-8.
La Reine de Saba, par XAVIER DE MONTÉPIN. 3 vol. in-8.
La Juive au Vatican, par MÉRY. 3 vol. in-8.
Le Sceptre de Roseau, par ÉMILE SOUVESTRE. 3 vol. in-8.
Jean le Trouveur, par PAUL DE MUSSET. 3 vol. in-8.
Les Femmes honnêtes, par HENRY DE KOCK. 3 vol. in-8.
Les Parents riches, par madame la comtesse DASH. 3 vol. in-8.
Cerisette, par CH. PAUL DE KOCK. 6 vol. in-8.
Diane de Lys, par ALEXANDRE DUMAS fils. 3 vol. in-8.
Une Gaillarde, par CH. PAUL DE KOCK. 6 volumes in-8.
George le Montagnard, par le baron de BAZANCOURT. 5 vol. in-8.
Le Vengeur du mari, par EM. GONZALÈS. 3 vol. in-8.
Clémence, par madame la comtesse DASH. 3 vol. in-8.
Brin d'Amour, par HENRY DE KOCK. 3 vol. in-8.
La Belle de Nuit, par MAXIMILIEN PERRIN. 2 vol. in-8.
Jeanne Michu, *la bien-aimée du Sacré-Cœur*, par madame la comtesse DASH. 4 vol. in-8.

Imprimerie de GUSTAVE GRATIOT, 30, rue Mazarine.

www.ingramcontent.com/pod-product-compliance
Lightning Source LLC
Chambersburg PA
CBHW060354170426
43199CB00013B/1870